십대를 위한 9가지
트라우마 회복스킬

멘붕 탈출법

십대를 위한 9가지
트라우마 회복스킬

멘붕 탈출법

이주현 지음

학지사

이 책은 전문가가 직접 청소년을 대상으로 트라우마에 대해 설명하고 그것에 대처하는 방법을 가르치는 대한민국 최초의 설명서다. 그동안 치료자나 전문가들을 대상으로 하는 학문적인 서적이나 성인들을 위한 트라우마 관련 책자들은 있었지만, 정작 트라우마에 취약한 청소년을 위해 그들의 눈높이에 맞춰 쓰인 책은 없었다. 이 책에는 성장하는 청소년들에 대한 저자의 따뜻한 사랑과 깊은 지혜가 담겨져 있기에 트라우마를 극복하려는 청소년과 부모, 교사에게 좋은 선물이 될 것이다.

홍강의
서울의대 소아정신과 명예교수, 서울시 정신건강사업지원단장

해방 이후 대한민국에서는 3년에 한 번꼴로 대형재난이 있었다. 재난에 대처하기 위해서는 미리 준비하는 것이 반드시 필요하다. 우리 아이들에게 자신의 몸과 마음의 안전을 지킬 수 있는, 실질적인 방법을 교육하는 것은 매우 중요하다. 이 책은 충격을 받아 마음에 상처가 생겼을 때 스스로 할 수 있는 응급처치법에 대해 실제적으로 설명하고 있다. 이것은 학교에서 심폐소생술을 배우고 실습하는 것과 같이 중요하다. 인지행동치료와 같이 효과가 입증된 방법을 바탕으로 대처하면 마음의 상처, 트라우마도 극복 가능하다.

채정호
가톨릭의대 정신건강의학교실 교수, 대한정신건강재단 재난정신건강위원회 위원장

2014년 세월호 참사 때 저자를 비롯한 대한소아청소년정신의학회 190명의 회원들이 단원고등학교에서 자원봉사자로 참여하였다. 깊은 마음의 상처를 입은 학생, 학부모와 교직원들을 대상으로 130일 동안 심리치료 등을 하면서, 그 아픈 체험에서 우러나온 이 책은 전문가로서의 사회적 책임감에서 나온 성과물이다. 이 책이 청소년뿐만 아니라 부모, 교사, 치료사들에게도 널리 읽혀 아이들의 마음건강을 지키는 든든한 방패가 되어주길 기대한다.

이정섭

인하의대 정신건강의학교실 교수, 대한소아청소년정신의학회 이사장

소아청소년을 치료하는 정신건강의학과 전문의가 쓴 책답게 쉽고 재미있다. 구성과 소재도 아이들의 눈높이에 맞게 친숙하고 흥미롭다. 그러면서도 트라우마 전문가가 쓴 책답게 그 내용은 넓고도 깊다. 트라우마를 다루는 사람이라면 반드시 알아야 할 지식들로 가득하다. 고난 앞에 서면 진짜 중요한 것들이 보인다. 저자는 고난의 한 가운데 서서 트라우마를 겪은 소아청소년과 그들을 돌보아야 하는 부모, 교사들이 가장 중요한 것을 지키고 회복시킬 수 있도록 도와주는 실제적이고 실용적인 방법을 외치고 있다. 트라우마가 일상이 되어 가는 힘든 삶에서 우리 모두가, 특히 소아청소년들이 트라우마의 희생자가 아니라 트라우마를 이기는 자가 되도록 돕는 데 큰 역할을 할 필독서다.

김석현

한양의대 정신건강의학교실 교수, 한국EMDR협회 회장

차 례

땅에서 넘어진 자 땅을 딛고 일어선다.
땅을 떠나서 일어나려고 하는 것은 옳지 못하다.

보조국사 지눌

01 배트맨 비긴즈 - 다시 일어서는 법 배우기

크리스토퍼 놀란 감독의 영화 〈배트맨 비긴즈〉는 배트맨의 어린 시절과 탄생 과정을 보여 줍니다. 웨인 그룹 회장의 외아들인 브루스 웨인은 어린 시절 정원에서 호기심에 우물 속을 들여다보다가 그 속으로 떨어지게 됩니다. 그 우물은 박쥐들의 소굴이었는데, 그 속에서 쏟아져 나오는 박쥐들에 놀라 어린 브루스 웨인은 멘붕에 빠집니다. 그의 아버지가 밧줄을 타고 내려와 그를 구하면서 명대사를 합니다.

"Why do we fall? So we can learn to pick ourselves up."
(우리는 왜 추락하는 걸까? 그건 우리가 다시 일어서는 법을 배우기 위해서란다.)

하지만 그는 박쥐 공포증을 가지게 됩니다. 이후 그는 부모님과 함께 〈쾌걸 조로〉 뮤지컬을 보러 갔다가 중간에 박쥐 의상을 입은 사람들이 나오는 장면에서 울렁증을 일으켜 부모님께 빨리 집으로 가자고 졸라 극장 밖으로 나옵니다. 그때 노상강도의 총에 맞아 부모님이 살해되는 장면을 목격하게 된 브루스 웨인은 자기 때문에 부모가 죽었다는 죄책감에 시달리게 됩니다. 고아가 된 그는 부모님의 막대한 부를 상속받지만, 악의 고섬 시티에서 슬픔과 분노 속에 시달리다가 악을 무찌를 힘을 얻기 위한 여행을 떠납니다. 여행 중 그는 스승 핸리 듀카드를 만나 수련을 합니다. 스승은 이렇게 말합니다.

"넌 두려움을 없애려 세상을 떠돌았지? 하지만 문제는 적이 아니야. 진짜 두려움은 네 안에 있어. 넌 자신을 두려워해. 이제 자신과 맞서야 해. 때가 됐다. 공포를 삼켜 버려. 맞서라고. 두려움을 극복하려면 너 스스로 두려움이 돼야 해."

수련을 마치고 고섬시티로 돌아온 브루스 웨인은 자신의 박쥐 공포증을 극복하고는 박쥐 의상을 차려입고 악당들을 무찌르는 배트맨이 됩니다.

배트맨은 다른 슈퍼 히어로와 달리 어린 시절에 부모의 죽음을 목격하고는 마음의 상처를 입어 그로 인해 멘붕에 빠져 슬픔과 자책, 분노 속에서 성장하는 인간적인 캐릭터입니다. 인간적 고뇌를 극복하는 이야기 구조 속에서 그는 영웅이 되어 다른 사람들을 돕습니다.

영화 속의 브루스 웨인처럼 평균적으로 개인이 감당하기 힘든 수준의 정신적 충격을 주는 재난이나 사건(외상성 사건)을 평생 3명 중 2명은 경험하고, 15%는 2번 이상 경험한다[1]고 합니다.

"인생은 고해(苦海)다."라고 석가모니가 말했듯이, 우리가 세상을 살아가면서 여러 가지 일을 겪다 보면 마음의 상처를 피할 수는 없습니다. 그 상처가 콤플렉스(complex)가 되기도 하지만, 도리어 그 콤플렉스가 인생을 살아가게 하는 힘이 되기도 합니다. 그리고 그 극복 과정에서 나만의 개성이 만들어지고, 나만의 아우라, 향기가 뿜어져 나오게 됩니다. 하지만 그 콤플렉스를 흉터로 여겨 숨기고 피하다가 자신을 소중하게 여기고 믿는, 자신감(自信感)을 잃어버리기도 합니다.

 앞으로 함께 배울 멘붕 탈출법은 영화 속의 브루스 웨인처럼 배트맨이 되어 가는 과정일 수도 있습니다. 두려움을 삼키고 다시 일어서는 여행을 함께 떠나 봅시다.

두려움만큼 사람에게서 생각하고 행동하는 힘을
효과적으로 빼앗아 가는 감정은 없다.

에드먼드 버크

02 멘붕과 트라우마

외상성 사건이 항상 트라우마, 즉 마음의 상처를 일으키는 것은 아닙니다.[2] 외상성 사건이 '멘붕을 일으킬 때' 트라우마가 됩니다.

혹시 여러분도 멘붕에 빠져 본 일이 있나요?

깜짝 놀라거나,

아주 무섭거나,

너무 슬픈 일을 겪거나 옆에서 보고[3]

심장이 콩닥대고

어찌 할지 몰라 멍해지거나[4]

정신이 무너지는 듯한 느낌을 받는 것이

'멘탈 붕괴(Mental breakdown)', 줄여서 '멘붕'입니다.

이것은 너무 강한 충격에 정신의 방어막이 무너져서 생기는 현상입니다.

이런 멘붕 상태에서 '무력감'을 느끼고 마음의 상처로 남는 것을 '트라우마'[5]라고 부릅니다.

멘붕은 자연재해, 교통사고, 심한 폭행, 성폭력 같은 심각한 사건에 의해서 대부분 생기지만, 친구들 앞에서 창피를 당하거나, 시험 답안지를 잘못 표시하거나, 부모에게 된통 맞거나 욕을 먹는 등 비교적 작은(?) 일에서도 생길 수 있습니다.[6]

한 번 큰 충격을 받는 경우도 있지만, 왕따를 1년 동안 당하는 것처럼 작은 마음의 상처가 오랜 시간 여러 번 쌓여서 복합성 트라우마가 되기도 합니다. '가랑비에 옷 젖는 줄 모른다.' 라는 속담처럼……

복합성 트라우마(complex trauma)는 어린 시절부터 지속적인 학대나 왕따를 당하면서 자신감이 없고 우울해진 것이 굳어져, 마치 성격처럼 보이기도 합니다.

TIPS 트라우마(trauma, 정신적 외상)란?

트라우마에 대해 예전에는 외상적 사건의 객관적 강도를 중요시해서 일반적인 인간 경험의 한계를 넘어서는 사건, 예를 들어 재난이나 범죄와 같이 자신이나 다른 사람의 생명, 신체적 안전을 위협하는 사건을 경험하거나 목격하거나 듣는 것에 의한 심리적 충격이라고 정의하였으나, 최근에는 객관적 강도와 더불어 개인의 주관적 경험과 취약성, 발달적 측면을 고려하여 트라우마에 대한 개념이 넓어졌습니다. 예를 들어, 학교에서의 지속적인 집단 따돌림 경험도 트라우마를 일으킬 수 있습니다.

나이가 어릴수록 정신의 방어막이 덜 발달되고 약해서 더 쉽게 트라우마를 받을 수 있습니다.

이렇게 멘붕이 오고 나면[7)

악몽을 꾸거나, 잠을 잘 자지 못하기도 합니다.

이유 없이 무서워지거나, 미칠 것 같고, 통제 불능에 빠질 것 같은 느낌이 들기도 합니다.

뭔가 나쁜 일이 또 생길 것 같기도 하고, 작은 소리에 깜짝 놀라기도 합니다.

생각하거나 말하기도 싫지만, 문득 사건이 다시 떠오르기도 합니다.

집중이 되지 않고, 학교에 가기 싫어지기도 합니다.

생각나게 하는 장소나 사람, 물건을 피하게 되기도 합니다.

수치심이나 죄책감을 느끼기도 하고, 자신감이 없어지기도 합니다.

슬픔이나 소중한 것을 잃어버린 상실감에 빠지기도 합니다.

참을성이 없어지고, 화가 나고, 무언가를 부수고 싶어지기도 합니다.

아무 생각도 하지 않기 위해 게임만 하고 싶거나 누군가 신경 써 주는 것도 싫어집니다.

보이지는 않지만 우리의 마음에도 상처가 날 수 있습니다.

그리고 마음의 상처, 트라우마는
몸의 상처처럼
우리를 아프고
힘들게 합니다.

때로는 살아 있는 것조차도 용기가 될 때가 있다.
세네카

03 트라우마와 스트레스의 차이

스트레스는 원래 '외부로부터 물체에 가해지는 압력이나 압박'을 뜻하는 말로 15세기경부터 물리학이나 공학에서 사용되기 시작했습니다. 20세기 초 스트레스는 캐논에 의해 질병의 발생이나 악화에 영향을 미치는 인자로 간주되면서 의학적으로 광범위하게 사용되고 있습니다.[8]

스트레스는 다양한 생활의 변화에서 오고, 그 변화의 정도와 종류가 많을수록 스트레스의 크기는 커집니다. 그 변화에 적응하기 위한 어느 정도의 스트레스는 삶의 필수적인 요소입니다. 스트레스가 없다면 우리는 아무 것도 성취할 수 없을 것입니다. 적절한 수준의 스트레스는 활력과 창조성을 주기도 하고, 생산성을 높여 주어 긍정적 스트레스– 유스트레스(eustress)라고 불리기도 합니다. 하지만 스트레스가 증가하여 일정 수준을 넘어가면 피로감과 짜증이 증가하고 집중력이 떨어지며 비관적 태도와 부정적 시각을 보이게 됩니다.

트라우마나 스트레스 모두, 보통 사람들을 힘들게 하는 외부적인 상황에 대한 반응, '고통스런 마음의 상태'를 일컫는 용어입니다.

트라우마는 이런 스트레스의 특수하고 극단적인 형태라고 할 수 있습니다.

하지만 트라우마가 일반적인 스트레스와 다른 점은 혼자서 대처할 수 없게 압도적인 외부적 상황(외상성 사건) 속에서 싸울 수도 피할 수도 없어 어찌할 바를 몰라 하다가 정신의 방어벽이 무너지고, 결국 꼼짝없이 '당하게' 되어 당황하고, 혼란스럽고, 무섭고, 화가 나고, 절박하지만 그 상황에 대해 '도움 받을 데가 없다.' '내가 할 수 있는 것은 아무 것도 없다.' 는 허탈하고 맥 빠진 느낌, 즉 무력감을 가지게 된다는 것입니다.

두려움, 분노, 회피는 생존을 위한 본능적이고 즉각적인 반응입니다. 하지만 이것이 조절되지 못한다는 느낌은 자신감을 잃게 합니다.

다시 한 번 말하자면, 트라우마의 본질은 '무력감'[9]입니다.

TIPS 싸울 것이냐? 도망갈 것이냐? 아니면 얼어붙을 것이냐?

싸움-도주 반응(fight-flight response)은 위기 상황에서 생존을 위한 생명체의 가장 기본적인 반응입니다. 우리의 몸과 마음은 싸우거나 도망가기 위해 목숨을 걸고 엄청난 양의 에너지를 생성합니다. 그것을 위해 교감신경계를 활성화시키고, 아드레날린, 코르티솔 같은 스트레스 호르몬을 방출합니다. 그렇게 만들어진 에너지가 싸움이나 도주를 위해 사용됩니다.

그런데 싸움, 도주 이외에 또 하나의 생존 전략이 있습니다. 죽은 듯이 마비되어 있는 것입니다. 이것을 얼어붙음 반응(freezing response)이라고 합니다. '고양이 앞의 쥐'라는 속담처럼 얼어붙고, 무감각해집니다. 이런 '얼어붙은' 상태에서 죽임을 당한다면, 고통이나 끔찍한 두려움을 겪지 않을 것입니다. 이러한 반응은 트라우마에서 느끼는 '무력감'과 연관됩니다. 이런 얼어붙은 상태에서 빠져 나오는 것은 이성적인 뇌를 갖지 않은 야생의 동물들에게는 쉽지만, 인간은 자신의 강렬한 에너지와 잠재된 공격성에 놀라 그 힘에 저항합니다. 방출되지 못한 에너지는 신경 시스템에 저장되어 트라우마 증상을 형성한다고 피터 레빈 박사는 주장합니다.[10]

예를 들어, 성폭력을 당하는 여자는 남자의 압도적인 신체적 힘에 눌려 싸울 수도, 도망갈 수도 없는 상황에서 어쩔 수 없이 '당하게' 됩니다. 수치감과 분노뿐만 아니라 '무력감'이 그 여자의 정신을 무너지게 하고 그것이 트라우마가 됩니다.

학교에서 지속적으로 왕따를 당하는 학생은 참아 보기도 하고, 싸워도 보고, 그래도 해결이 되지 않으면 부모님에게 말을 합니다. 그러면 부모님은 선생님을 찾아가서 상의하여 선생님이 반 아이들에게 주의를 줍니다. 하지만 반 아이들은 도리어 은근히 따돌리며(은따) 형태만 바꿀 뿐 친구로서 받아들여 주지 않습니다. 왕따를 당하는 아이는 이런 경험을 할 때 성폭력을 당하는 사람이 느끼는 것과 비슷한 무력감을 느끼게 됩니다. '내가 할 수 있는 것은 아무 것도 없구나.' '그냥 당할 수밖에 없구나.' 라고 말입니다.

이러한 무력감은 그 사람의 자신감에 큰 상처를 줍니다. 더 이상 자기 자신을 믿을 수도 없고, 다른 사람과 세상도 믿을 수 없게 됩니다. 그러면서 자신의 몸과 감정도 통제하지 못하는 스스로를 자책하게 됩니다. 지나치게 긴장했다가 긴장이 풀리면 푹 쳐지게 됩니다. 감정의 기복도 생기고, 의욕도 사라집니다.

과거를 생각하면 괴롭고, 미래를 생각해도 두렵습니다. 온통 과거와 미래에 대한 생각들로 가득 차 정작 현재는 쪼부라집니다.

지금 여기에서는 안절부절만 할 뿐 아무 것도 하지 못하고, 꽉 막혀서 마음과 몸이 멈춰 서게 됩니다. 생각은 할 수 있을 것 같은데 몸은 따라가지 못하면서 자기 자신에 대해 더욱 실망하게 됩니다.

그리고 주변의 약한 고리, 보통 엄마에게만 거칠게 덤벼들기도 하지만 혼자 있을 땐 그런 찌질한 자신을 부끄러워하게 됩니다.

이렇게 작지만 지속적인 트라우마는 일회성의 큰 트라우마 못지않게, 어쩌면 더 심하게 한 인간의 정신을 뒤틀어 놓습니다. 성격도 바뀌게 됩니다. 그렇기 때문에 마음의 상처인 트라우마는 보이지는 않지만, 도리어 몸의 상처보다 더 무섭기도 합니다.

그리고 트라우마에 의한 이러한 과정을 자신의 약함이나 문제로 생각하고 자책함으로써 회복으로 갈 수 있는 힘을 더욱 잃어버리게 됩니다.

TIPS 프로이트가 내린 트라우마의 정의

프로이트는 트라우마를 '자극에 대한 방어벽'에 생긴 '갈라진 틈'이라고 정의했고, 트라우마의 핵심 정서 반응을 '완전한 무력감'이라고 정의했습니다.[11]

비유하자면, 스트레스는 일을 하거나 운동을 하다가 근육이 뭉치고 알이 배긴 상태라면, 트라우마는 뼈에 금이 가거나 부러진 상태라고 할 수 있습니다.

근육이 뭉친 것은 별다른 조치를 취하지 않더라도 잘 쉬고 시간이 지나면 저절로 풀리듯이, 스트레스는 보통 각자 나름대로의 방식으로 대처하면서 시간이 지나면 해소가 됩니다. 스트레스는 우리의 뇌가 처리할 수 있는 정도의 부담입니다.

하지만 트라우마는 우리의 뇌가 단번에 처리할 수 있는 정도를 넘어선 충격에 몸과 마음이 얼어붙고, 멈추어진 상태입니다. 컴퓨터로 말하면 지체 현상, 랙(lag)이 걸려 다운이 된 상태입니다.

장기적으로 반복되어 누적된 충격이든, 순간적인 강력한 충격이든 간에 뼈에 금이 가거나 부서졌을 때 그냥 두어서는 저절로 붙지 않습니다.

뼈는 금이 가기만 해도 석고붕대를 감아서 일상적인 작은 충격도 가지 않도록 조치를 해야만 합니다. 그래야 뼈가 스스로 붙는 자연치유 과정이 진행될 수 있습니다. 심한 경우에는 수술이 필요하기도 합니다.

트라우마의 치유도 이와 같습니다. 초기에는 심리적 안정이 제일 중요합니다. 그렇기 때문에 섣불리 고통스런 현실과 부딪히거나 낙관하는 것은 뼈에 금이 간 상태에서 무리하게 일을 하는 것과 같습니다. 그것은 치유의 과정을 방해합니다.

"지난 일이니까 제발 다 잊어버려라."
"시간이 지나면 좋아질 거야."
"이제 와서 후회해도 소용없잖아."
"이제 산 사람은 살아야지."

가까운 가족이나 친구들의 이러한, 너무나 맞고 당연한, 하지만 섣부른 조언들은 트라우마를 도리어 악화시킬 수 있습니다. 트라우마를 받은 이들도 이러한 사실을 모르는 것이 아닙니다. 머리로는 알지만 가슴으로는 받아들일 수 없는 상태입니다.

트라우마에 뒤따라오는 또 다른 핵심 감정 중에 하나는 '억울(抑鬱)함'입니다. 억울함은 분노(억抑)와 슬픔(울鬱)이 뒤섞인 감정입니다.

'하필 왜 **내가** 이런 일을 겪게 되었나?'

사고는 예측할 수도 없고, 미리 대비할 수도 없습니다.
왕따와 같은 지속적인 괴롭힘은 나의 문제라기보다는 가해자의 삐뚤어진 심보와 행동으로 인해 억울하게 당하는 경우가 많습니다. 그렇게 말도 안 되는, 비정상적 상황에 피해를 본 것이기 때문에 시간이 지날수록 억울합니다. 그렇기 때문에 가까운 사람의 '정상적'인 말은 도리어 반감을 불러일으킵니다.

"나에게 일어난 일은 '비정상적'인데 나만 '정상적'으로 반응하라니……."

트라우마, 마음의 상처는 콤플렉스로 남아 한참 동안 우리를 힘들게 할 수도 있습니다. 각자의 고통은 겪어 보지 않은 타인이 쉽게 이해할 수 없습니다.

그래서 트라우마를 입은 피해자에게는 자신의 마음을, 고통을 진심으로 이해하려고 노력하고, 얼핏 보기에 이해할 수 없는 생각과 감정에 사로잡혀 부적응적인 행동을 하는 것조차 감싸 주고 품어 주는 사람의 따뜻한 마음의 보호막, '사랑의 석고붕대'가 필요합니다.

그 속에서 자신의 '무력감'과 '억울함'에서 벗어나 자신과 세상, 미래에 대한 믿음을 되찾아가는 것이 회복의 과정입니다.

세상에 위대한 사람은 없다.
단지 평범한 사람들이 일어나 맞서는 위대한 도전이 있을 뿐이다.

윌리엄 프레더릭 홀시

04 재경험, 과각성, 회피 – 외상후 스트레스 증상

감기에 걸리면
열이 나고 기침, 콧물이 나듯이

트라우마를 받으면
대부분 3대 외상후 스트레스 증상을 경험하게 됩니다.
그것은 재경험, 과각성, 회피입니다.

다시 그 장면이 머릿속에서 자꾸 떠오르기도 하고, 악몽을 꾸기도 합니다(재경험).

(예) 대학수학능력시험에서 답안지를 밀려 쓴 것이 자꾸 생각난다.

친구들 앞에서 무시당한 후 집에서도 자꾸 그 장면이 떠오른다.

심장이 빨리 뛰고, 근육에 힘이 들어가며, 작은 소리에 예민해지고, 감정기복이 생기기도 합니다(과각성).

(예) 그 후 시험 시간만 되면 심장이 빨리 뛰고 손에 땀이 난다.

나를 놀린 친구들만 보면 가슴이 답답하고 머리가 아프다.

그리고 멍해지거나 과거 기억을 불러일으키는 모든 것을 피하려고 합니다(회피).

(예) 시험 시간만 되면 머릿속이 하얘지고 얼어붙은 듯한 느낌이 든다.

놀린 친구들이 보이면 시선을 돌리고 자리를 피한다.

1) 재경험

재경험은 집요하게 사고 장면이 머릿속에 자꾸 반복해서 떠오르는 현상입니다. 그 장면이 이미지로 떠오르기도 하고, 그 당시의 소리, 냄새, 맛, 몸의 느낌이 다시 떠오르기도 합니다.

영화에서 번쩍하고 과거 회상 장면으로 다시 돌아가는 것을 '플래시백(flashback)'이라고 하는데, 그것처럼 문득문득 그 사건 당시의 기억이 떠오르면서 몸이 떨리거나 그때 느낀 감정(두려움)이나 생각(아무 것도 할 수 없다)을 다시 경험하게 됩니다. 시간이 지났음에도 불구하고 당시와 동일한 강도로 느끼게 되기도 합니다. 그리고 비슷한 감정을 불러일으켰던 다른 나쁜 기억들이 연달아 떠오르기도 합니다. 재경험은 악몽으로 나타나기도 하는데, 꿈에서 사건 현장에 다시 있거나 괴물 등에 쫓기게 되는 꿈을 꾸기도 합니다.

그리고 이러한 재경험은 사건을 다시 생각나게 할 수 있는 자극에 의해 활성화되기도 하는데, 예를 들어 파란색 자동차와 부딪히는 사고를 경험한 아이는 다른 자동차를 보거나, 비슷한 색깔의 물건을 보거나, 자동차 경적 소리를 듣고 그때 사고 장면을 다시 떠올리게 됩니다. '자라보고 놀란 가슴 솥뚜껑 보고 놀란다.'는 속담처럼……

누구냐 넌..
자라냐, 솥뚜껑이냐..

이런 자극을 전문용어로 총의 방아쇠처럼 기억을 다시 불러일으킨다고 해서 '방아쇠 자극(트리거 trigger)'이라고 부릅니다. 방아쇠 자극은 사건에서 본 것과 비슷한 물건, 색깔, 소리, 조명, 냄새, 맛, 온도, 몸의 자세, 사람들이 붐비는 것, 사람들의 눈빛이 될 수 있습니다.

사건이 일어난 날짜도 방아쇠 자극이 될 수 있습니다. 그때가 되면 나도 모르게 기분이 가라앉기도 하는데, 이것을 '기념일 효과(anniversary effect)'라고 부릅니다.

이런 방아쇠 자극을 꼼꼼히 확인하고 적어 봄으로써 왜, 지금 여기에서 다시 과거의 기억이 떠올랐는지를 알 수 있습니다. 그리고 외상후 스트레스 증상이 나타날 것을 미리 예상하고는 마음을 단단히 다잡으면 보다 더 잘 대처할 수 있습니다. 이 모든 것이 트라우마로 인한 무력감에서 벗어나 자신감, 자기조절감을 되찾아 가는 과정입니다.

TIPS 방아쇠 자극과 콤플렉스 빙의(憑依)

20대 청년이 제 진료실에 찾아왔습니다.[12] 그는 평소에는 큰 덩치에 비해 유순한 성격인데, 갑자기 화를 조절하기 어려울 때가 있어 자신이 요즘 유행어처럼 번지는 '분노조절장애'가 아닌지 모르겠다고 말했습니다.

사연은 이랬습니다. 식당에서 친구와 식사를 하고 있었는데 휴가 나온 군복을 입은 군인을 보자 뭔가 마음이 불편해지기 시작했다고 합니다. 그리고 그때 옆에서 서너 살짜리 남자아이가 떼를 쓰고 울자 그 엄마가 아이의 등짝을 때리는 것을 보고 갑자기 화가 났다고 합니다. 너무 화가 나서 아이의 엄마에게 "아직 아이인데 어떻게 그렇게 때릴 수가 있습니까?"라고 큰 소리로 따지자 옆에 있던 친구가 말려서 겨우 식당에서 나왔는데, 여전히 화가 풀리지 않아서 자신의 차에 들어가 시트를 주먹으로 때리고 백미러를 부수었다고 합니다. 그 청년의 삶의 이야기를 차근차근 들어 보았습니다. 군인인 아버지는 집에서 권위적이었고 어린 자신과 엄마에게 고함을 질렀으며 심하게 때리기도 했습니다. 지금은 부모님은 이혼하고, 그 청년은 어머니와 함께 살고 있었습니다.

이야기를 듣고 저는 이 청년의 행동이 이해되었습니다. '군복'은 군인이었던 아버지에게 받은 트라우마로 인해 생긴 마음속의 콤플렉스를 자극하는 방아쇠 자극이었습니다. 거기에다 어린 시절의 자신을 연상시키는 '등짝을 맞은 서너 살짜리 남자아이'라는 방아쇠 자극이 더해지자, 무의식에 있던 콤플렉스가 활성화되어 그 청년의 의식, 자아를 사로잡았습니다. '마치 뭐에 씌인' 사람처럼 이 청년의 의식은 자신의 어린 시절에 아버지에게 매 맞던 순간으로 되돌아간 것입니다. 그는 그 순간 자신의 '아버지 콤플렉스'에 빙의된 것입니다. 그래서 자신이 두려워하고 싫어하던 '폭력적인 아버지'처럼 순간 변했던 것입니다. 융은 "사람들은 자기가 어떤 콤플렉스를 가지고 있는지를 안다. 그러나 콤플렉스가 그를 가지고 있음을 모른다."고 말했습니다.

칼 구스타브 융에 의해 제시된 '콤플렉스(complex)'라는 용어는 일반적으로 알려진 것처럼 단순히 열등감을 일컫는 용어가 아닙니다. 영어인 complex는 사전적으로 '복잡한' '(관련 있는 것들의) 덩어리, 복합체'라는 뜻입니다. 심리학적 용어로서의 콤플렉스는 '강하게 응어리진 감정적 핵을 중심으로 여러 가지 마음이 얽혀 있는 복합체' '강한 감정 체험에 의해서 모여든 심리적 내용들의 뭉침'입니다. 콤플렉스는 에너지, 즉 감정적인 강도를 갖추고 있는 심리적 복합체이기 때문에 그것이 자극이 되면 감정반응을 일으키게 됩니다.[13] 콤플렉스는 보통 무의식에 억압되어 있고, 자아의 통제 밖에서 어느 정도 자율적으로 움직입니다. 콤플렉스는 그 사람의 약점이기도 하지만, 강한 정신적 에너지가 서려 있어 뭔가를 할 수 있는 원동력이 되기도 합니다. 콤플렉스의 에너지를 잘 이용하기 위해서는 그것을 자각하는 것, 의식화가 필요합니다.

이 청년은 저와 상담하기 전에는 자신이 왜 그런 행동을 했는지 정말 알지 못했다고 말했습니다. 저의 설명을 듣고 그 청년은 자신의 마음속에 아직도 무서워하고 화가 나 있는 '상처 입은 아이'가 있다는 것을 알게 되었고, 그 아이를 위로하고 이해해 주기 시작하여야겠다고 말했습니다. 콤플렉스, 내면의 상처 입은 아이와의 대화, 그것이 '무의식의 의식화 과정'입니다.

경남 밀양 영남루에는 '아랑 전설'이 전해 내려옵니다.[14] 밀양 부사의 딸인 아랑은 매우 아름다웠습니다. 하급관원인 통인은 그녀의 미모를 탐해 아랑의 유모를 사주하여 아랑을 유인했습니다. 통인이 아랑을 겁탈하려고 하자 아랑은 저항하였고, 그러다 통인이 아랑을 죽이게 되어 사체를 유기했습니다. 딸을 잃은 아버지는 범인을 잡지 못하고 슬퍼하다가 밀양을 떠났고, 새로운 밀양부사가 부임할 때마다 첫날 밤에 죽어 나가는 일이 연달아 일어났습니다. 그래서 모두가 꺼려하는 그 고을에 어떤 용기 있는 선비가 밀양 부사로 자원하였습니다. 부임 첫날 밤 그 선비가 자려고 하는데, 산발한 처녀 귀신이 나타났습니다. 그 선비는 처녀 귀신에게 "왜 신임 사또들을 죽였느냐? 네가 하고 싶은 말이 무엇이냐?"라고 물어보았습니다. 그러자 처녀 귀신은 "저는 통인에 의해 억울하게 살해되어 연못에 암매장되어 있습니다. 그 원한을 풀어 달라고 신임 사또들 앞에 나타났을 뿐인데 신임 사또들이 놀라 그냥 죽어 버렸을 뿐입니다. 그저 제 원한을 풀어 주시길 바랍니다."라고 말했습니다. 다음 날 그 신임 사또는 사실을 확인한 후 살인범을 잡아 처벌하고는 시신을 수습하여 가족에게 돌려주고 장례를 치러 주자 다시는 그 처녀귀신이 나타나지 않았다고 합니다. 이 전설은 변형되어 2012년도에 신민아가 귀신으로 나오는 〈아랑사또전〉이라는 드라마로 만들어지기도 했습니다.

방아쇠 자극에 의해 활성화된 무의식의 콤플렉스에 자아가 사로잡히지 않기 위해서는 방아쇠 자극이 무엇인지, 그리고 내 마음속의 콤플렉스가 무엇인지 알고, 그것과 대화하고, 얼어붙은 감정을 따뜻한 관심과 사랑으로

녹여 가는 과정이 필요합니다. 사실 콤플렉스, 내면의 상처 받은 아이도 그것을 원합니다. 그래서 자꾸 의식 위로 올라오는 것입니다. 전설 속의 억울하게 죽은 처녀 귀신처럼 말입니다. 콤플렉스는 자아에 의해 이해되고 통합되기를 원합니다. 이것이 트라우마로 인한 콤플렉스를 치유하는 과정입니다.

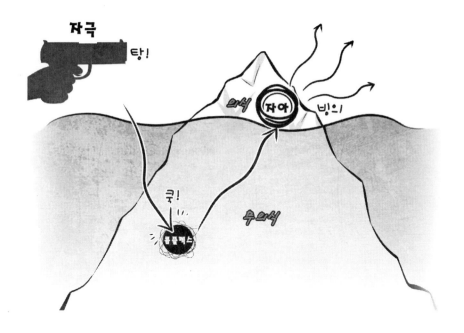

2) 과각성

과각성은 위험에 대처하기 위해서 전투할 수 있는 상태로 몸을 변화시키는 것입니다.

심장이 두근대고, 숨을 짧고 빨리 내쉬거나[15], 한숨을 쉬게 되기도 합니다. 또 가슴이 답답하거나, 어지럽거나, 다리가 후들거리기도 합니다. 손이 떨리기도 하고, 손끝이 저릿저릿하거나, 식은땀이 나기도 합니다.

전문용어로는 교감신경계와 감정뇌가 활성화된 상태입니다.
링에 오른 권투 선수들은 아드레날린과 코르티솔이라는 스트레스 호르몬이 분비되어 한 대를 맞아도 아픈지 모르게 됩니다.

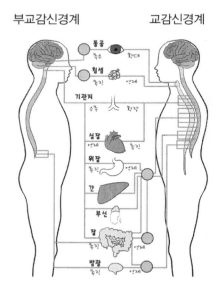

잘 싸우기 위해

눈동자를 확장시켜 시야를 넓히고,

혈압을 올리고,

뇌와 근육으로 가는 혈관은 확장시켜서

온몸의 피를 뇌와 근육으로 보내어

빨리 판단하고 움직일 수 있게 합니다.

그러기 위해서 위장이나 소장으로 가는 혈관은

수축시키고 피를 덜 보냅니다.

그래서 긴장하면 소화가 잘 안 됩니다.

'사촌이 땅을 사면 배가 아프다.' 라는 속담은 의학적으로 사실입니다.

이런 과각성 상태는 만화 〈드래곤볼〉에서 손오공이 초 사이어인으로 각성되는 것과 비슷합니다.

이것은 생존을 위한 정상적인 분노 반응입니다. 주변을 경계하고 자신을 지키기 위한 것입니다.

과각성이 문제가 되는 것은 그 상황이 지나간 후에도 계속 지속될 때입니다. 황소가 달려들 때는 아무 생각 없이 피했다가 일단 안전해진 후에 도리어 무서워지기도 합니다. 이렇게 위험 상황이 아닌데 과각성이 된 상태를 '고장 난 경고신호(false alarm)' 라고 부릅니다. 위기 상황에서는 빨리 반응하는 것이 살아 남기에 유리하기 때문에 우리 몸의 신경계는 작은 자극에도 격하게 반응합니다.

하지만 위험이 지나간 후에도 이러한 과각성 상태에서 벗어나지 못하면 주변 사람들에게 까칠한 행동을 하게 됩니다. 쉽게 짜증을 내고, 고함을 지르거나, 쾅하고 문을 닫고 방으로 들어가게 됩니다. 마치 위험이 언제라도 되돌아올 것처럼 말이죠. '세상은 위험한 곳' '내가 다른 사람을 조절해야만 살아남는다.' 는 왜곡된 생각을 가지게 되는 경우도 있습니다.

과각성은 초조하거나 쫓기는 느낌으로 나타나기도 하고, 잠들기 힘들거나 자주 깨는 것으로 나타나기도 합니다. 집중하기 어렵거나, 자꾸 깜짝 놀라거나, 쉽게 화가 나는 등 무모한 행동을 하는 것으로 나타나기도 합니다.

3) 회 피

회피는 트라우마를 떠올리게 하는 상황, 장소, 감정, 행동을 피하는 것입니다. 이것은 앞에서 설명한 방아쇠 자극을 지속적으로 피하려고 하거나 멍해지는 것을 말합니다. 이것은 가장 흔하고 본능적인 트라우마 반응입니다.

연인과 이별한 후 함께 시간을 보냈던 신촌을 못 가는 마음을 표현한 포스트맨의 '신촌을 못가' 라는 노래처럼 그 사건을 떠올리게 하는 장소, 사람, 행동을 피하게 됩니다.

하지만 정도가 심하면 내가 내가 아닌 것 같거나, 현실이 아닌 듯한 느낌이 들기도 하고, 멍해지기도 합니다.
중요한 활동에 대한 흥미와 참여가 떨어지게 됩니다.
미래에 대한 꿈과 기대도 사라지고 모두 소용없는 것처럼 느껴지기도 합니다.

드라마에서 많이 나오는 기억상실증처럼 트라우마와 관련된 중요한 부분이 기억이 안 나기도 합니다. 다른 사람들이 멀게 느껴지고 내 감정도 잘 느껴지지 않게 됩니다.

시간이 지나도 그 사건에 대해 떠올리거나 말하는 것조차 힘들어집니다. 왜냐하면 너무 고통스럽고, 내면에서 느껴지는 자신의 감정을 표현할 적절한 단어나 개념을 가지고 있지 못하기 때문입니다.

또한 상반된 감정이나 느낌을 경험하기도 합니다. 견딜 수 없이 괴로워서 편해지고 싶지만, 편해지면 안 될 것 같은 느낌이 듭니다. 잊고 싶지만 잊을 수 없고, 잊기 싫기도 하는 양가감정에 빠집니다.

예를 들어, 어떤 사건으로 인해 죽은 사람이 있다면 자신이 살아남은 것이 기쁘기도 하지만 그 사람이 생각나면서 슬퍼지기도 하고 죄책감이 느껴질 수도 있습니다. 혹은 살아남은 가족도 죽거나 다칠까 봐 걱정이 될 수도 있습니다.

사건충격척도 (Impact of Event Scale - Revised: IES-R)[16]

외상성 사건에 의한 주관적인 스트레스를 평가하는 22문항으로 구성된 자가 보고식 척도임. 국내에서는 대한불안의학회 산하 PTSD연구회/재난정신의학위원회 주관으로 임현국 등 (2009)이 표준화하였고, 국내에서 제시된 결단점은 총점 22점임. 또한 침습 증상 8문항, 회피 증상 8문항, 과각성 증상 6문항의 하부 척도로 점수화할 수 있음.

다음의 문항은 스트레스를 주는 사건 이후 겪는 어려움에 관한 것입니다. (   ) 이후 지난 며칠 동안 얼마나 많이 경험했는지 각각 문항에 (V)를 하십시오.

문 항	심각도				
	전혀 없다	약간 있다	상당 하게 있다	많이 있다	극심 하게 있다
	0	1	2	3	4
1. 그 사건을 상기시켜 주는 것들이 그 사건에 대한 감정(느낌)을 다시 되살아나게 한다.					
2. 나는 수면을 지속하는 데 어려움이 있다.					
3. 나는 다른 일들로 인해 그 사건을 생각하게 된다.					
4. 나는 그 사건 이후로 예민하고 화가 난다고 느꼈다.					
5. 그 사건에 대해 생각하거나 떠오를 때마다 혼란스러워지기 때문에 회피하려고 한다.					
6. 생각하지 않으려고 해도 그 사건이 생각난다.					
7. 그 사건이 일어나지 않았거나, 현실이 아닌 것처럼 느낀다.					
8. 그 사건을 상기시키는 것을 멀리하며 지냈다.					
9. 그 사건의 영상이 나의 마음속에 갑자기 떠오르곤 한다.					

10. 그 사건 이후 신경이 예민해진 것 같고 쉽게 깜짝 놀란다.					
11. 그 사건에 관해 생각하지 않기 위해 노력한다.					
12. 나는 그 사건에 관하여 여전히 많은 감정을 가지고 있다는 것을 알지만 신경 쓰고 싶지 않다.					
13. 그 사건에 대한 나의 감정은 무감각한 느낌이다.					
14. 나는 마치 사건 당시로 돌아간 것처럼 느끼거나 행동할 때가 있다.					
15. 나는 그 사건 이후로 잠들기가 어렵다.					
16. 나는 그 사건에 대한 강한 감정이 물밀 듯 밀려오는 것을 느낀다.					
17. 내 기억에서 그 사건을 지워 버리려고 노력한다.					
18. 나는 집중하는 데 어려움이 있다.					
19. 사건을 떠올리게 하는 그 어떤 것에도 식은 땀, 호흡곤란, 오심, 심장이 두근거리는 것 같은 신체적인 반응을 일으킨다.					
20. 그 사건에 관한 꿈을 꾼 적이 있다.					
21. 내가 주위를 경계하고 감시하고 있다고 느낀다.					
22. 나는 그 사건에 대해 이야기하지 않으려고 노력한다.					

심리적 외상(트라우마)을 경험한 사람들은 힘을 빼앗겼고,
다른 사람과 단절되었다. 따라서 생존자가 역량을 강화하고 다른 사람과
새로운 연결을 생성해 갈 때 회복할 수 있는 토대가 생성된다.

주디스 허먼

05 트라우마 초기에 기억해야 할 것

그런데 사건 초기에 이런 증상들이 나타나는 것은
지극히 '정상' 입니다.

처음에는 당황스럽고 '내가 미쳐 가는 게 아닌가?' 라는 생각에 무서울
수도 있지만, 절대 아닙니다.
이 모든 것은 '정상' 입니다.

자! 스스로에게 말해 주세요.
"괜찮아." "울어도 괜찮아." "화가 나도 괜찮아."
"몸이 떨려도 괜찮아." "자연스런 반응이야."
"두려워하지 마."

이것은 우리 몸과 마음이 스스로 멘붕을 이겨 내는 과정에서 나타나는 것
입니다. 마치 감기에 걸리면 백혈구가 바이러스랑 싸우느라 열이 나듯이 말

입니다.

너무나 큰 충격을 조금씩 조각 내어 하나하나 소화시켜 내는 과정입니다.[17]

절대 잊지 마세요.
이 모든 것은 '비정상적 상황에 대한 정상적 반응' 입니다.[18]

 외상후 스트레스 증상의 경과

외상후 스트레스 증상의 경과에 대한 연구 결과를 보면, 외상적 사건 직후 3일에는 60%, 4주 후에는 17%, 52주 이후에는 8%로 점차 감소합니다. 사건 후 한 달이 지나기 전에 나타나는 외상후 스트레스 증상은 정상적인 반응으로 지켜볼 수 있습니다.

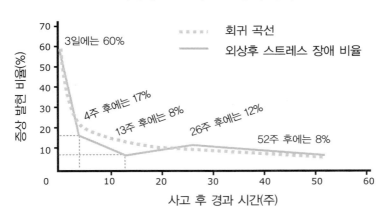

외상후 스트레스 증상의 경과

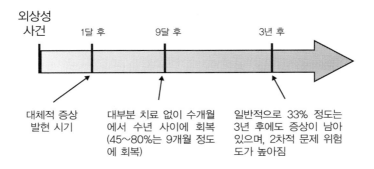

트라우마 초기에 또 하나 기억해야 할 것은
몸을 잘 돌보는 것입니다.

"건강한 몸에 건전한 정신이 깃든다." [19)는 말처럼 마음을 안정시키는
가장 좋은 방법 중 하나는
잘 먹고,
잘 자고,
잘 쉬는 것입니다.

충격을 받고 멘붕에 빠졌을 때
우리 몸의 신경계는 극도로 예민해진 상태이고, 이런 상태에서는 면역
력이 떨어지기도 합니다.
그래서 스트레스를 계속 받으면 실제로 몸에 병이 나기도 합니다.

몸을 따뜻하게 해 주고,
맛있는 음식을 먹고,
잠을 잘 잘 수 있도록 믿을 수 있는 사람의 손을 잡아도 좋습니다.

마지막으로 기억할 것은 '할 수 있는 만큼만 하라.' 입니다.

사건 초기에 걱정스러운 마음에 여러 어른들이 자꾸 사건 상황이나 여러 분이 겪고 있는 것들에 대해 이야기해 달라고 말할 수도 있습니다. 하지만 준비 없이 상처를 건드리는 것은 도리어 상처를 덧나게 할 수 있습니다.

특히 사건 초기에는 기본적인 안전을 확보하는 것이 매우 중요합니다. 신체적인 안전과 심리적 안정[20]이 제일 중요합니다.

믿음이 가는 누군가에게 말하고 싶다면 말해도 좋습니다. 하지만 아무 에게 무슨 말도 하고 싶지 않다면 "지금은 이야기하고 싶지 않아요."라고 분명하게 말하고, 가만히 있어도 괜찮습니다. 여러분에게는 '말하지 않을 자유'가 있습니다.

말하기 싫은 데는 여러 가지 이유가 있습니다.

어떤 친구들은 죄책감과 혼동, 분노와 슬픔을 느껴서,

어떤 친구들은 다른 사람들이(보통 가족) 내 말을 듣고 괴로워할까 봐 두려워서,

어떤 친구들은 자신이 이야기하다가 스스로를 조절하지 못하게 될까 봐 두려워서,

어떤 친구들은 이야기를 할 상대방(보통 상담자)에게 믿음을 쌓을 시간이 필요해서,

어떤 친구들은 이미 너무 많이 이야기해서 더 이상 이야기할 필요를 느끼지 못해서 말하기 싫어합니다.

모두가 각자 다른 스타일과 타이밍을 가지고 있으므로
그것을 존중해 주어야만 합니다.
그렇지만 나를 걱정해 주고, 함께 도와주려는 사람들이 있다는 사실도 잊지 마세요.

부모님, 친구들이나 학교 선생님, 상담가 선생님, 의사 선생님과 함께 준비가 되었을 때 대화하면 됩니다.

이제부터는 내 마음의 상처를 회복하는 기술을 배워 봅시다. 마음의 상처도 몸의 상처처럼 잘 소독하고 약을 바르거나 봉합 수술을 하듯이 치료할 수 있습니다.

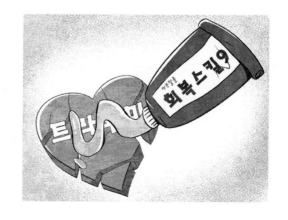

아는 것이 힘이다.
프란시스 베이컨

06 멘붕 탈출 회복스킬

자…….

지금부터 멘붕, 트라우마에 대처할 수 있는 9가지 회복스킬을 전수해 드리겠습니다.

이름하여 '멘붕 탈출 회복스킬',
줄여서 '회복스킬'이라고 부르겠습니다.
어떤 경우에도 도움이 될 수 있으니
꼭 열심히 수련해 보세요.

멘붕 탈출 9가지 회복스킬[21]은

첫째, 호흡법
둘째, 안전지대법
셋째, 나비포옹법

넷째, 봉인법

다섯째, 소환법

여섯째, 상상법

일곱째, 수면법

여덟째, 착지법

아홉째, 노출법입니다.

우선 회복스킬을 배우기 전에 기초적으로 '감정 온도계' 사용법부터 배워야 합니다.

감정 온도계는 마음이 불안하고, 몸이 긴장되는 정도를 1~10점 사이의 점수로 측정해 보는 것입니다.

감정 온도계는 점수가 올라갈수록 마음의 불안이나 몸의 긴장이 심해지는 것입니다.

5점은 어느 정도 내가 참고 조절할 수 있는 정도의 점수입니다. 5점이 기준점이 됩니다.

4점 이하에서는 쉽게 참을 수 있고, 불안하지 않고 편안한 상태입니다.

6점 이상에서는 억지로 참지만, 불편하고 몸을 움직이고 싶을 정도 이상입니다.

감정 온도계 점수가 6점 이상 올라가면, 불안해서 제대로 생각하지 못하게 되면서 생각이 극단적이거나 부정적으로 바뀔 수도 있습니다.

감정 온도계 점수	점수
완전 멘붕이다. 정신을 잃을 것 같다.	10점
멘붕이 와 울고 싶고, 내 자신을 조절할 수 없다.	9점
많이 불안해서 실제로 소리를 지르거나 자리에서 벗어난다.	8점
불편해서 소리를 지르고 싶다. 가슴이 답답하고 머리가 아프다.	7점
겨우 참지만 가만히 있기 힘들다. 얼굴이 찌푸려지거나 말투가 퉁명스럽다.	6점
마음이 불편하지만 어느 정도 참을 수 있다.	5점
조금 불편하지만 쉽게 참을 수 있다.	4점
마음이 약간 불편하지만 저절로 금방 안정된다.	3점
마음이 비교적 편안하지만 약간 걱정된다.	2점
마음이 편안하고 전혀 불안하지 않다.	1점
마음이 편안하고 매우 행복하다.	0점

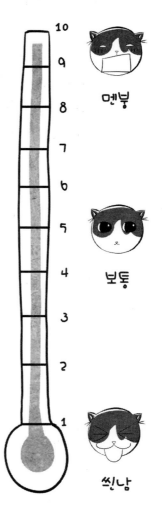

지금 여러분의 감정 온도계는 몇 점입니까? (   )

엄마에게 숙제하라는 잔소리를 들을 때 감정 온도계는 몇 점입니까?

사람들마다 다르겠지요?
어떤 친구는 5점, 어떤 친구는 6점.
상황마다 달라지겠지요?
내가 기분 좋을 때는 4점, 내가 짜증 나 있을 때는 7점.

> **여러 상황에서 감정 온도계 점수를 매겨 보세요.**
>
> 아침에 지각을 해서 교문 앞에서 선생님에게 혼날 때 감정 온도계 점
> 수는? (   )
> 숙제를 마치고 방에서 느긋하게 음악을 들을 때 감정 온도계 점수는?
> (   )
> 어린 동생이 내 물건을 만지려고 할 때 감정 온도계 점수는? (   )

회복스킬을 수련하기 전에 감정 온도계를 측정하고, 수련한 후에 몇 점이나 떨어졌는지 확인하면 얼마나 효과가 있는지 알 수 있습니다. 그렇게 불안이 조절되는 것을 경험하게 되면 불안은 더 쉽게 가라앉습니다. 이처럼 감정 온도계로 자신의 마음에 점수를 매겨 보는 것만으로도 내 마음과 적당한 거리를 두면서 평정심을 되찾는 데 도움이 됩니다.

자전거를 처음 배울 때 넘어질 것 같은 느낌이 있으면 중심을 잡지 못하고 넘어지게 됩니다. 하지만 자전거 타기가 익숙해지면 넘어질 것 같은 느낌이 있을 때 반대편으로 핸들을 틀어 중심을 잡습니다. 이처럼 감정 온도계 점수가 6점 이상이 되면 '당황하지 않고 팍~ 끝' [22] 회복스킬을 사용하면 됩니다.

감정 온도계는 스킬을 사용할 순간을 포착할 때도 사용됩니다. 그리고 무엇이 나에게 도움이 되고, 무엇이 도움이 되지 않는지 아는 데도 감정 온도계는 유용합니다. 감정 온도계를 낮추는 활동이 도움이 되는 것입니다. 또한 내가 얼마나 회복되었는지 알 수 있어 지금 내 상태에서 무엇을 할 수 있는지 결정하는 데 도움이 됩니다. 마치 게임에서 캐릭터의 라이프 게이지를 보고 퀘스트 도전 여부를 결정하듯이 말이죠.

이것이 바로 '내 마음의 작은 목소리에 귀 기울이는 것' 입니다.

1) 호흡법

첫째 회복스킬은 '호흡법' 입니다.

호흡법은 모든 운동이나 노래, 명상의 기초입니다.
여러분에게 2가지 호흡법을 소개할게요.

첫째는 '심호흡' 입니다.

긴장을 하면 나도 모르게 '후~' 한숨을 내쉬게 되지요. 그것이 바로 심
호흡입니다.
심호흡은 숨을 코로 들이마시고,
입으로 '후~' 소리를 내면서 풍선을 불듯이, 폐활량을 측정하듯이 천천
히 끝까지 내쉬는 것이 포인트입니다. 가슴에서 숨이 빠져나가는 감각에
집중하면서 천천히 내쉬세요.
앞으로 배울 다른 회복스킬도 대부분 심호흡으로 시작합니다.

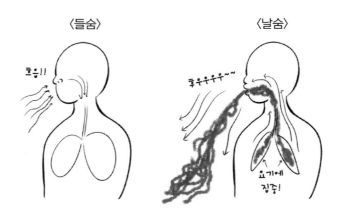

〈들숨〉　　　　　　　　〈날숨〉

심호흡법

1. 자, 숨을 코로 들이마시세요.

   입으로 '후~' 하며 천천히 내쉬세요.

   끝까지 숨을 내쉬면서

   폐에서 숨이 다 빠져나가는 것을 느껴 보세요.

2. 다시 숨을 코로 들이마시세요.

   입으로 '후~' 하며 천천히 내쉬세요.

   끝까지 숨을 내쉬면서

   긴장감이 숨과 함께 몸 밖으로 빠져나간다고 상상해 보세요.

3. 다시 한 번 숨을 코로 들이마시세요.

   입으로 '후~' 하며 천천히 내쉬세요.

   끝까지 숨을 내쉬고는

   다시 숨을 들이마시고 싶은 것을 느껴 보세요.

   이렇게 3번 심호흡을 하세요.

   이것이 1세트입니다.

   좋습니다. 좀 편안해지셨나요?

심호흡을 하기 전의 감정 온도계는 몇 점이었나요? (　　)

심호흡을 3세트 하고 난 후 감정 온도계는 몇 점으로 떨어졌나요?

(　　)

둘째는 '복식호흡' 입니다.

복식호흡은 숨을 들이쉬면서 아랫배가 풍선처럼 부풀어 오르게 하고, 숨을 내쉴 때 꺼지게 하는 것입니다. 이때는 코로만 숨을 쉬세요. 천천히 깊게 숨이 아랫배까지 내려간다고 상상해 보세요.

복식호흡의 포인트는 천천히 일정하게 숨을 들이쉬고 내쉬면서 아랫배 가 묵직해지는 느낌에 집중하는 것입니다.

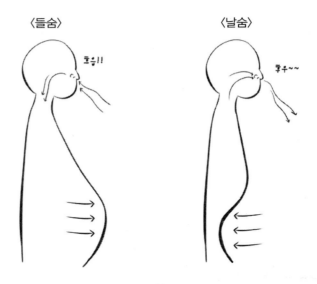

〈들숨〉 　　　　〈날숨〉

1. 천천히 숨을 들이마시면서 아랫배가 나오게 하고, 숨을 내쉬면서 속으로 '하나' 하고 숫자를 세면서 천천히 아랫배가 꺼지게 하세요.
   이때 오른손은 가슴에, 왼손은 아랫배에 대고 가슴은 움직이지 않고 아랫배만 움직이게 숨을 들이마시고 내쉬세요.

2. 다시 천천히 숨을 들이마시면서 아랫배가 나오게 하고, 속으로 '둘' 하고 숫자를 세면서 숨을 천천히 내쉬세요.

3. 다시 천천히 숨을 들이마시면서 아랫배가 나오게 하고, 속으로 '셋' 하고 숫자를 세면서 숨을 천천히 내쉬세요.

4. 한 번 더 천천히 숨을 들이마시면서 아랫배가 나오게 하고, 속으로 '넷' 하고 숫자를 세면서 숨을 천천히 내쉬세요.

5. 마지막으로 천천히 숨을 들이마시면서 아랫배가 나오게 하고, 속으로 '다섯' 하고 숫자를 세면서 천천히 숨을 내쉬면서 아랫배가 꺼지게 하세요. 익숙해지면 양손을 아랫배에 대고 배가 부풀어 올랐다가 내려가는 것을 느끼도록 하세요.

이렇게 5번 호흡하는 것이 1세트입니다.

잘 하셨습니다. 편안해지셨나요?

복식호흡을 하기 전의 감정 온도계는 몇 점이었나요? (   )
복식호흡을 3세트 하고 난 후의 감정 온도계는 몇 점으로 떨어졌나요?
(   )

2) 안전지대법

둘째 회복스킬은 '안전지대법' 입니다.

안전지대법은 상상력을 이용하여 내 마음이 가장 편안하고 안전하게 느껴지는 장소 속으로 들어가는 것입니다. 마치 〈전우치전〉에서 도술로 그림 속 무릉도원으로 들어가듯이 말이죠.

컴퓨터 바탕화면으로 깔고 싶은 멋진 그림을 고르는 마음으로 찾아보면 됩니다.[23]

여러분이 가 본 곳 중 가장 멋진 곳은 어디인가요?

친구들과 함께 수학여행에서 본 멋진 풍경이나 문을 잠그고 안전하게 쉴 수 있는 내 방도 좋습니다. 수영복을 입은 미녀들이 있는 해변을 상상해도 좋습니다.

안전지대의 이름과 시작 장면을 정해 보세요. 유튜브에 올릴 동영상의 도입 화면(썸네일)과 파일명을 정한다고 생각하면 됩니다.

시작 장면은 안전지대로 들어가는 문과 같은 역할을 하기 때문에 정지된 화면이어야만 합니다.

안전지대법은 괴로운 장면이 다시 떠오르거나 긴장될 때, 언제든지 갈 수 있는 '나만의 안식처' 로 들어가 안전하게 쉬는 것입니다.

자, 그려 보세요.

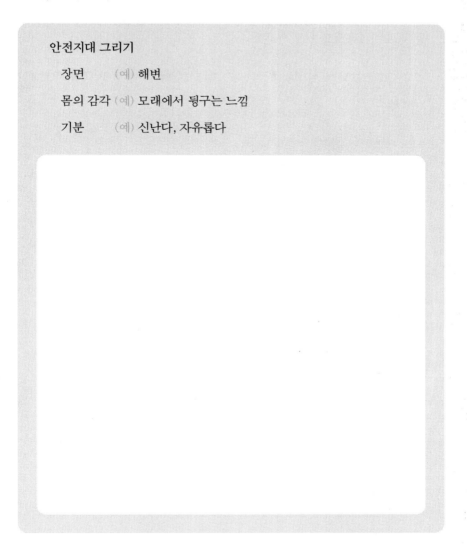

안전지대 그리기

장면 (예) 해변

몸의 감각 (예) 모래에서 뒹구는 느낌

기분 (예) 신난다, 자유롭다

다 그렸나요? 최대한 자세히 그려 보세요. 그리고 그 곳에서 느껴지는 몸의 감각과 기분도 적어 보세요. 멋진 사진을 이용할 수도 있습니다.

1. 자, 깊이 심호흡을 한 번 하세요.

2. 눈을 감고 나의 안전지대 이름을 되뇌이면서 그 장면을 떠올려 보세요.

3. 그 장면을 떠올리면서 좌우 교대로 계속 자신의 무릎을 살짝 두드리세요.

4. 그 장면이 확실히 떠오르면 무릎을 두드리는 것을 멈추고, 그 장면 속으로 들어간다고 상상해 보십시오.

5. 그리고 그 속에서 편안한 기분을 느껴 보세요.
   편안한 기분이 느껴지면 그 속에서 편히 쉬세요.
   당신은 안전합니다.

6. 이제 충분히 쉬어서 안전지대에서 벗어나려면 속으로 하나, 둘, 셋을 세십시오.
   눈을 뜨면 몸이 가뿐하고 기분이 상쾌할 것입니다. 하나, 둘, 셋!

7. 이제 눈을 뜨세요.

잘 하셨습니다. 편안해지셨나요?

안전지대법을 하기 전과 후의 감정 온도계 점수를 비교해 보세요. 몇 점이나 차이가 있나요? (   )

이렇게 안전지대법을 사람이 없는 곳에서 혼자서 하루에 1번 이상 해 보세요. (예를 들면, 잠자리에 들기 전)

그러면 실제로 마음이 힘들 때 언제든지 그 장면을 상상하기만 하면 마음이 편안해지는 것을 느낄 수 있을 것입니다.

장면이 잘 떠오르지 않는 친구들은 본인이 그린 그림이나 사진을 핸드폰으로 찍어서 눈을 뜨고 그 사진을 쳐다보면서 그 속으로 들어간다고 상상해도 좋습니다.

안전지대법은 파블로프의 '조건반사' 이론을 통해서 쉽게 이해할 수 있습니다. 파블로프의 조건반사란 강아지에게 밥을 줄 때마다 종을 치니까 나중엔 밥을 주지 않고 종만 쳐도 침이 나오는 것을 관찰한 것에서 나온 이론입니다. 여기에서 종소리는 '조건'이고, 침은 '반사'입니다. 파블로프 박사는 습관이 형성되는 데 있어 반복해서 '조건'과 '반사'가 동시에 주어지면 별 상관이 없는 것이라도 연결이 될 수 있다는 것을 실험으로 증명한 것입니다.

안전지대법에서 상상의 안전지대 '장면'은 조건이고, 그 상상 속에서 느끼는 '편안한 기분'은 반사입니다. 그 두 가지가 반복해서 동시에 일어나게 연습하면 나중에 '조건반사'에 의해 안전지대 장면을 떠올리기만 해도 저절로 편안한 기분이 들게 되는 것입니다. 조건반사는 단번에 만들어지지 않습니다. 그래서 반복해서 연습하는 것이 필요합니다. 무릎을 좌우 교대로 두드리는 것은 이런 조건반사가 형성되는 것을 돕기 위한 방법입니다.

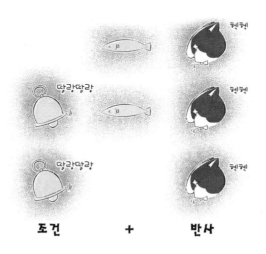

조건　＋　반사

3) 나비포옹법

셋째 회복스킬은 '나비포옹법' 입니다.

나비포옹법은 EMDR[24]이라는 트라우마 치료법에서 나온 방법입니다. EMDR은 좌우 교대로 눈을 움직이거나 몸을 두드리면서 부정적인 기억이나 생각, 감정, 몸의 긴장이 흘러가도록 내버려 두어 치유가 일어나는 것을 북돋우는 방법입니다. 이것은 뇌영상 연구에서 뇌 활성도의 변화를 일으키는 것이 확인된 강력한 방법입니다.

나비포옹법은 갑자기 긴장이 되어 가슴이 두근대거나(과각성), 괴로운 장면이 떠오를 때(재경험), 그것이 빨리 지나가게끔 자신의 몸을 좌우로 두드려 주고 '셀프 토닥토닥' 하면서 스스로 안심시켜 주는 것입니다.

나비포옹법

1. 자, 깊이 심호흡을 한 번 하세요.

2. 눈은 감거나 살짝 뜬 상태에서 시작해도 좋습니다.

3. 두 팔을 가슴 위에서 교차시킨 상태에서 양측 팔뚝에 양 손을 두고 나비가 날갯짓 하듯이 좌우를 번갈아 살짝살짝 두드립니다.

4. 이렇게 좌우 교대로 두드리면서 내 마음과 몸에서 무엇이(장면, 신체 감각, 감정, 생각) 떠오르는지 관찰하세요.

5. 내 마음과 몸에서 떠오르는 것을 바꾸거나, 억제하거나, 판단하려 하지 말고 마치 구름이 천천히 지나가는 것 같다고 생각하면서 바라보세요.

6. 10~15번 정도 두드리고 나서 심호흡을 하세요. 이것이 1세트입니다.

잘 하셨습니다. 좀 편안해지셨나요?

나비포옹법을 하기 전과 후의 감정 온도계 점수를 비교해 보세요. 몇 점이나 내려갔나요? (　　)

무엇(장면, 신체감각, 감정, 생각 등)이 떠올랐나요?

(　　　　　　　　　　)

감정 온도계 점수가 내려가지 않았으면 한 번 더 나비포옹법을 해 보세요.

부정적인 기억의 이미지나 몸의 느낌이 떠오르면서 불안해지거나 나쁜 생각이 들면 나비포옹법을 하면서 내 몸과 마음을 '토닥토닥' 해 주세요. 4~6세트 정도의 나비포옹법을 하면 대부분 지나가고 안정될 것입니다.

그러고 나서
앞에서 배운 '안전지대법' 을 상상하면서
나비포옹법을 하면
편안한 기분이 더 잘 유지될 것입니다.

사람들이 많아서 조금 창피해 나비포옹법을 하기 힘들 때는 자신의 허벅지를 좌우 교대로 살짝살짝 두드려도 괜찮습니다. 어떻게든지 몸에 좌우 교대로 자극만 주면 됩니다.

어떠세요, 효과가 좀 있나요?

너무 간단하다고 시시하게 생각하지 마세요.
실제 상담치료 현장에서 사용되고 있는 기법들입니다. 진지하게 함께
해 보면 분명히 도움이 됩니다.

처음부터 잘 되지 않는다고 걱정하지 마세요.
반복해서 훈련해 보세요. 반복할수록 쉬워지고, 점점 더 편안해지는 것
을 느낄 수 있습니다.

어떤 회복스킬은 나에게 잘 맞고, 어떤 회복스킬은 잘 맞지 않을 수도
있습니다.
중요한 것을 '정말 효과가 있다는 것' 입니다.
검은 고양이이든, 흰 고양이이든 쥐만 잘 잡으면 됩니다.

우선 내가 재미있고, 끌리고, 효과가 있는 회복스킬부터 반복 연습해서
익숙해지는 것이 좋습니다. 자! 파이팅!

4) 봉인법

넷째 회복스킬은 '봉인법' 입니다.

봉인법은 가장 효과적이고 강력한 방어법입니다. 잘 배워 봅시다.

봉인법은 부정적인 기억, 감정, 생각을 상상의 봉인상자 속에 넣고 잠가서 밖으로 못 나오게 하는 것입니다.

만화 〈마법천자문〉에서 손오공이 요괴들을 봉인시키기 위해 여행을 떠나는 것처럼 말이죠.

상상의 봉인상자는 어떤 것도 넣을 수 있지만, 파괴되지 않는 단단한 것이어야 합니다.

쇠로 된 금고나 콘크리트로 된 상자도 좋습니다.

자! 여기에 무엇이든 담을 수 있는 금고나 상자를 그려 보세요. 뚜껑으로 막거나 자물쇠를 달아서 잠가도 좋습니다. 여러 겹으로 방어막을 만들고 부적을 붙여도 좋습니다. 색깔도 칠해 보세요.

모양은?

크기는 대략 어느 정도?

색깔은?

재료는? 무엇으로 만들어졌나요?

어떻게 해도 부서지지 않게 단단한 느낌이 들도록 그려 보세요.

아무 것도 새어나갈 수 없게 자물쇠를 달거나 부적을 붙여도 됩니다.

다 그렸나요? 잘 하셨어요.

1. 자, 깊이 심호흡을 한 번 하세요.

2. 그림으로 그린 금고나 상자를 눈을 감고 마음속으로 떠올려 보세요.
   그 모양과 크기, 색깔을 최대한 자세히 상상해 보세요.[25]

3. 그 속에 부정적인 기억, 생각, 감정 등을 집어넣고 잠가 버리세요.
   그리고 자물쇠를 잠그고, 부적을 붙이고, 이중으로 방어막도 설치할 수 있습니다.

4. 그 안에 들어간 기억, 생각, 감정들은 절대로 밖으로 나올 수 없습니다.

5. 그 금고나 상자를 땅 속 깊이 파서 묻어 버릴 수도 있습니다.
   몇 미터 깊이에 파묻을까요? 5m? 10m?
   우주 공간으로 날려 버릴 수도 있습니다.
   여러분이 하고 싶은 대로 마음대로 상상하세요.

6. 자, 깊이 파묻었나요? 그 위에 콘크리트를 깔아서 다시 위로 못 올라오게 할게 할 수도 있습니다.

7. 그것은 이제 완전히 봉인되었습니다.

8. 자, 이제 심호흡을 하세요. 코로 숨을 들이마시고 입으로 끝까지 내쉬세요.
   좋습니다. 편안해지셨나요?

봉인법을 하기 전 감정 온도계는 몇 점이었나요? (   )

봉인법을 하고 난 후 감정 온도계는 몇 점으로 떨어졌나요? (   )

　상상이 잘 되지 않으면 여러분이 그린 봉인상자 그림을 핸드폰으로 찍어서 보면서 상상해도 좋습니다.

　나쁜 기억이 떠오를 때마다 새로운 봉인상자를 상상한 후 그 속에 담아서 땅에 파묻거나 우주로 날려 버리세요.

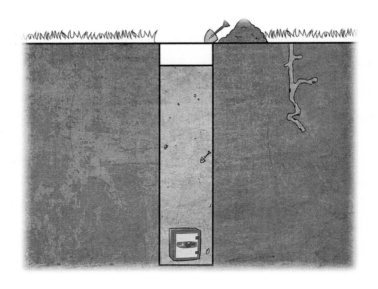

벌써 4가지 회복스킬을 배웠네요. 수고하셨습니다.

책을 읽느라 머리가 아프지는 않나요? 지금 감정 온도계 점수는 6점 정도인가요? 그럼 책을 덮고 잠시 쉬면서 감정 온도계 점수가 몇 점까지 떨어지는지 살펴볼까요? 좋아하는 음악을 들으면 몇 점까지 내려가는지, 밖에 나가서 농구를 하면서 땀을 흘리면 몇 점까지 내려가는지 살펴보세요. 어떤 활동이 가장 낮은 감정 온도계 점수에 도달할 수 있도록 도와주는지 찾아보세요.

초등학교 시절, 방학을 시작할 때면 동그라미를 그려서 그 안에 몇 시에 일어나 숙제를 하고, 운동을 하고, 밥을 먹고, 몇 시에 잠을 잘 것인지 생활계획표를 짜는 것이 숙제였지요.

멘붕에 빠져 트라우마를 경험한 후에는 대부분 일상생활이 무너지고 불규칙한 생활을 하게 됩니다. 트라우마에서 벗어나는 가장 좋은 방법 중에 하나는 일상성을 회복하는 것입니다. 할 수 있는 만큼.

늘 하던 대로 규칙적인 생활을 하는 것 자체가 몸과 마음에 안정을 줍니다. 그렇기 때문에 아주 간단한 생활계획표를 짜서 그대로 실천해 보는 것이 큰 도움이 됩니다.

좋아했던 취미 활동을 다시 시작하면서 생활을 안정시키세요. 하지만 가장 중요한 것은 천천히 단계적으로 진행하여 하나하나 성취해 가는 것입니다. 무리하게 계획을 세워 실천하지 못하고 다시 좌절감을 느끼는 것은 좋지 않습니다. 아주 쉽고 간단한 것부터 시작해 보세요.

일기를 써 보는 것도 도움이 됩니다.

요일별로 취미 활동 종류와 시간을 정해 보세요.

요일		월	화	수	목	금	토	일
취미 활동 종류								
시간	오전							
	오후							

5) 소환법

다섯째 회복스킬은 '소환법' 입니다.

소환법은 부정적인 기억이나 감정, 생각이 떠오를 때 본인이 좋아하는 음식의 맛을 떠올리거나, 미리 정해 둔 캐릭터 또는 다른 사람이 자신에게 격려의 메시지를 보내는 상상을 하는 것입니다.

만화나 게임에서 자기편을 소환하여 함께 싸우게 하는 것과 같습니다.

소환할 대상은 내가 좋아하는 음식(치킨, 피자 등), 만화 캐릭터(뽀로로, 포켓몬, 나루토 등), 좋아하는 운동선수(피겨 스케이트 선수 김연아, 축구선수 손흥민 등), 연예인(EXO 등)이 될 수 있습니다.

하지만 죽은 사람은 좋지 않습니다. 죽은 사람에 대한 복잡한 마음이 혼란스럽게 할 수 있기 때문입니다. 죽은 사람은 다른 방식으로 그리워할 수 있습니다. 가까운 가족도 소환대상으로는 별로 권하지 않습니다. 가까운 가족은 사이가 좋을 때도 있지만 나쁠 때도 있기 때문입니다. 가능한 한 긍정적 이미지만 가진 캐릭터나 인물이 좋습니다.

소환을 할 때 왼손 엄지손가락을 안으로 말아 쥐고 꽉 눌러 주면 나의 몸과 마음에 주는 신호가 되어서 더 쉽게 할 수 있습니다.[26]

괴로운 마음이 들 때, 좋아하는 음식을 먹는 즐거운 상상을 하는 것만으로도 편안해질 수 있습니다. 부정적 기억이나 감정, 생각을 좋아하는 음식을 통해 즐거운 기억과 연결시켜(coupling) 중화시키는 기법입니다.

내가 좋아하는 음식은? (   )

치킨이라면, 프라이드 반 양념 반?

구체적으로 어느 가게의 치킨인가요? (   )

음식을 먹는 상상을 하면서 그 맛을 떠올려 보세요.

〈알라딘〉의 요술 램프 속의 요정의 이름은 '지니(geni)' 입니다. 지니는 지니어스(genius)라는 영어 단어에서 만들어진 이름이라고 합니다. 지니어스는 천재성, 특별한 재능이라는 뜻도 있고, 수호신이라는 뜻도 있습니다.

사실 우리 모두의 마음속에는 '지니' 가 있습니다.
소환법은
힘든 생각이 떠오를 때
나만의 수호신, 수호천사를 불러 보는 것입니다.

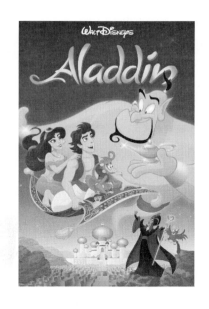

어떤 친구에게는 좋아하는 야구선수일 수도 있고,
어떤 친구에게는 좋아하는 연예인일 수도 있습니다.
그 존재가 나에게 격려의 메시지를 보낸다고 상상해 보세요.

좋아하는 캐릭터나 사람을 생각해 보세요.

(   )

좋아하는 캐릭터나 사람이 나에게 보내 줄 격려의 메시지도 미리 생각
해 두세요.

"너는 잘 이겨 낼 수 있어. 파이팅!"
"이것은 기억이고 지나간 일이야."
"기억은 실제로 나를 다치게 할 수 없어."
"이것도 곧 지나갈 거야."
(   )
(   )

행운을 부르는 마법의 주문을 만들어도 좋습니다.
(수리수리 마수리…….   )

인도 영화 '세 얼간이'에서 주인공이 불안할 때마다 '알 이지 웰 all is
well' '모든 것은 잘 될 거야.'라고 가슴을 두드리면서 주문같이 외우는 것
처럼 말이죠.

1. 자, 깊이 심호흡을 한 번 하세요.

2. 부정적인 기억이나 감정, 생각이 떠오를 때 왼손 엄지손가락을 안으로 말
   아 쥐면서 꽉 눌러 주세요.

3. 좋아하는 물건이나 캐릭터, 사람을 떠올려 보세요.
   좋아하는 음식을 먹는 상상해 보세요.
   맛있는 피자나 치킨을 먹는 상상을 하면서 그 맛을 떠올려 보세요.
   자! 기분이 좋아지나요?

4. 미리 정해 둔 좋아하는 캐릭터나 사람을 떠올려 보세요.
   그리고 나에게 격려의 메시지를 보내는 것을 상상해 보세요.

   "○○야, 잘 할 수 있어. 파이팅!"
   그 캐릭터나 사람과 함께 맛있는 음식을 먹는 상상을 할 수도 있습니다.
   어떤가요, 좀 힘이 나나요?

소환을 하기 전과 후의 감정 온도계 점수를 비교해 보세요.
몇 점이나 점수가 내려갔나요? (   )

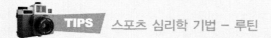

소환법은 스포츠 선수들의 이미지 트레이닝과 같은 원리입니다. 프로야구 선수들이 타석에 들어서기 전에 각자 독특한 버릇처럼 (헬멧을 툭툭 치거나 장갑을 만지는) 특정 신체동작을 반복하는 것을 본 적이 있나요? 그것은 소환법에서 왼손 엄지손가락을 말아 쥐는 것과 같이 자신의 몸과 마음에 신호를 주는 것입니다. 평소 연습할 때 특정 신체동작을 한 후 심호흡을 하고 자신이 정확하게 공을 치는 이미지를 떠올리는 이미지 트레이닝을 반복합니다. 그러면 조건반사의 원리에 의해 뇌에서 회로가 생깁니다. 실전에서 그 순서대로 진행하면 자동적으로 몰입할 수 있게 되는 원리입니다. 이러한 특정 동작이나 절차를 반복하여 조건반사를 만드는 이미지 트레이닝 기법을 스포츠 심리학에서는 '루틴(routine)'이라고 부릅니다. 마치 부적처럼 간단한 마스코트를 지니고 있다가 만지는 것도 비슷한 원리입니다.

골프에서는 공을 치기 전에 엉덩이를 2번 흔드는 등 각자 나름의 정해진 (루틴) 행동(preshot routine)을 통해 긴장감을 털어 냅니다. 이것은 긍정적인 징크스를 일부러 만들어 내는 것이라고도 말할 수 있습니다. 여러분은 이것을 '시험 불안'에 응용할 수도 있습니다.

6) 상상법

여섯째 회복스킬은 '상상법' 입니다.

상상법은 반복해서 자꾸 떠오르는 사건 장면을 상상으로 다르게 바꿔버리는 것입니다.

영화에서 번쩍하고 과거 회상 장면으로 다시 돌아가는 기법을 '플래시백'이라고 합니다. 이런 플래시백이 마음속에서 실제로 나타날 때 우리는 다시 그 사건 현장으로 되돌아간 듯 얼어붙어 멍해지거나 불안해집니다.
이때 그 장면을 컴퓨터 모니터 속에 집어넣는다고 상상을 해 봅시다. 그리고 그 장면을 흑백이나 오래된 사진의 이미지로 바꾸고, 영화가 끝날 때 화면이 점차 어두워지다가 완전히 검정색으로 사라지는 '페이드아웃(fade out)' 기법처럼 사라지게 상상해 보세요.

교통사고 장면이 동영상일 때는 끔찍하게 느껴지지만, 컬러 사진일 때는 감정적으로 덜 자극을 받고, 흑백 사진이면 더욱 덜 자극을 받고, 그 크기를 작게 원경으로 잡으면 더더욱 자극을 덜 받는 것과 비슷합니다.

그래서 떠오르는 장면을 내가 조작할 수 있다는 것을 느껴 보는 것입니다. 그러면 그 장면에 대해 압도당하지 않고 어느 정도 내가 조절할 수 있다는 것을 알 수 있게 됩니다.
이렇게 함으로써 무력감에서 벗어날 수 있습니다.

1. 자, 깊이 심호흡을 한 번 하세요.

2. 반복해서 떠오르는 장면을 하나 고르세요.

3. 눈을 감고 그 장면을 컴퓨터 모니터 속에 넣는다고 상상하세요. 잘 들어
   가지 않으면 억지로 욱여넣으세요.

4. 컴퓨터 모니터 속의 그 장면이 들어간 화면창을 마우스를 이용하여 크기를
   작게 하세요. 그리고 오른쪽으로 옮겨 보세요.

5. 이번에는 그 화면을 흑백으로 바꿔 보세요. 그 화면을 오래된 사진 이미지
   로 바꿔 보세요.

6. 이번에는 화면의 창이 작아지면서 점점 멀어지게 하세요. 그러면서 화면이
   점차 어두워지면서 완전히 사라지게 하세요.

7. 자, 이제 심호흡을 하세요.

잘 하셨습니다. 편안해지셨나요?

사라지게 만들기 상상법을 하기 전과 후의 감정 온도계 점수를 비교해
보세요.

몇 점이나 점수가 내려갔나요? (   )

〈해리포터〉에 나오는 어둠의 마법 방어술 중에 '리디큘러스'라는 주
문이 있습니다. 보가트는 어둡고 축축한 곳에 사는 괴물인데, 상대 눈앞
에서 그가 가장 두려워하는 것으로 변신합니다. 그 보가트를 물리치기 위
해선 자신이 가장 두려워하는 것이 어떻게 변하면 우스꽝스러운 모습이
될지를 상상하면서 '리디큘러스'라고 주문을 외쳐야 합니다. 영화에서는
무서운 스네이프 교수에게 할머니 옷을 입히거나, 괴물의 발에 롤러스케
이트를 신겨 넘어지게 하는 상상을 합니다.

'리디큘러스(ridiculus)'의 어원은 라틴어로 '말도 안 돼!'라는 의미라고
합니다. 나를 무섭게 하는 이미지를 '리디큘러스' 주문을 되뇌며 웃기게
바꿔 보세요.

1. 내가 무서워하는 대상(사람, 동물, 물건 등)을 고릅니다.

2. 왼손 엄지손가락을 안으로 말아 쥐세요.

3. 그리고 심호흡을 한 번 하세요.

4. '리디큘러스' 주문을 마음속으로 외치세요.

5. 그러면서 무서워하는 대상이 웃기게 바뀌는 상상을 합니다.

웃기게 만들기 상상법을 하기 전과 후의 감정 온도계 점수를 비교해 보세요.

몇 점이나 점수가 내려갔나요? (   )

이런 상상법은 다른 감각 형태의 재경험에도 응용할 수 있습니다.

어떤 소리가 떠올라서 힘들다면 그 소리의 크기를 조절할 수 있는 다이얼을 돌리는 것을 상상하면서 그 크기를 작게 하거나, 그 소리를 웃기는 소리로 변조시키세요.

7) 수면법

일곱째 회복스킬은 '수면법' 입니다.

잠을 자는 동안 우리의 몸과 마음은 쉬면서 재충전이 됩니다. 우리는 보통 하루에 7~8시간 정도 잠을 잡니다. 특히 청소년기는 잠이 더 많은 시기입니다.

멘붕(트라우마)이 오면 지나치게 긴장하게 되어 잠을 잘 자지 못하게 되고, 잠을 자지 못하면 다시 몸과 마음이 긴장하는 악순환이 반복됩니다. 눈에는 다크서클이 생기고 점점 짜증이 납니다. 집중도 잘 되지 않고 멍해집니다.

잠을 잘 자는 기술이 '수면법' 입니다.

1. 잠자는 시간과 일어나는 시간을 일정하게 정하세요.

2. 잠자기 전에 순서를 일정하게 반복하세요.

3. 종교가 있다면 자기 전에 기도를 하세요.

4. 자기 직전에는 영화 시청이나 게임은 피하세요.

5. 낮에 하는 운동은 수면에 도움이 되지만, 자기 직전의 운동은 피하세요.

6. 자기 전에 따뜻한 물로 샤워하세요.

7. 자기 전에 따뜻한 물이나 핫초코 한 잔을 마시는 것도 좋습니다.

8. 커피, 녹차, 홍차, 박카스, 탄산음료 등의 카페인 섭취를 줄입니다.

9. 담배, 술을 피합니다.

10. 조금 어려운 책을 읽는 것도 좋습니다. 수업시간이 아니라도 어려운 책은 언제나 좋은 수면제이지요.

11. 빛을 완전히 차단하는 암막 커튼이나 수면 안대를 이용하세요.

12. 자기 전에 공상이 많으면 노래를 들으면서 가사에 집중하세요.

13. 자기 전에 공상이 너무 많으면 일어나서 공책에 적은 후 다시 누워서 스스로에게 '이미 공책에 적어 두었으니 그만 생각해도 돼.' 라고 말해 주세요.

14. 복식호흡법이나 안전지대법도 도움이 됩니다.

15. 마지막으로 소개할 수면법은 '숨참기 호흡법' 입니다. 3번은 정상적으로 코로 숨을 들이마시고 내쉬세요. 들이마시고 내쉬고 하나, 들이마시고 내쉬고 둘, 들이마시고 내쉬고 셋, 그리고 코로 숨을 들이마시고 최대한 참으세요. 숨이 갑갑해지는 것을 느끼면서 최대한 참았다가 입으로 '후' 숨을 내쉬세요. 이것이 한 세트입니다. 이렇게 6~7세트를 반복하세요. 숨을 참아서 피 속의 이산화탄소 농도가 높아지고 산소가 부족해지면, 우리의 뇌는 활동을 멈추고 잠이 들려고 합니다.

트라우마 이후 재경험 증상의 하나로 악몽을 자주 꾸게 되기도 합니다. 꿈에서 사건 현장에 다시 있거나, 괴물 등에게 쫓기게 되는 꿈을 꾸기도 합니다.

저는 시험지 답안을 제대로 적지 못했는데 시간이 끝나서 걱정하다가 깨는 꿈을 아직도 꿉니다. 여러분도 시험을 보다가 답안지를 제출하지 못하는 악몽을 꾸나요?

최근에 여러분이 꾼 악몽을 적거나 그려 보세요.

꿈은 무의식의 활동으로, 스스로 자신의 마음을 치유하는 힘의 작용입니다. 악몽처럼 보이더라도 잘 살펴보면 우리를 깨우쳐 주고 가르쳐 주는 뜻을 가지고 있습니다. 또한 대부분 꿈 속의 '무서운' 형상은 악하기보다는 충격을 주는 무의식의 콤플렉스를 표현합니다.

꿈의 이야기는 원래 앞뒤가 안 맞고 뒤죽박죽일 수 있습니다. 그리고 왜 그렇게 되었는지 이해가 안 되고 이상하게 느껴지는 부분도 많을 것입니다.

전문가에게 분석을 받지 않아도 꿈을 적어 보거나 그려 보고, 그 꿈에 대해 부모님이나 믿을 수 있는 사람과 이야기해 보는 것만으로도 도움이 됩니다.

이렇게 하는 것만으로도 악몽이 줄어들기도 합니다.

대신 어설프게 해몽하지는 마세요.[27]

꿈에는 너무 다양한 상징적 의미가 담겨 있기 때문에 인터넷이나 해몽 책에 나오는 도식적인 해석을 믿는 것은 도리어 해가 될 수도 있습니다.

1. 최근에 꾼 꿈을 일단 기억나는 단어들만 일기장에 적어 보세요.

2. 꿈에서 기억이 잘 나지 않는 부분은 ……을 찍고 넘어가세요.

3. 꿈이 시작되는 때와 배경을 적고, 등장인물이나 동물, 물건 등이 무엇인
   지, 어떤 색깔인지, 사건이 어떻게 진행되었는지 적어 보세요.

4. 꿈의 이야기에서 특이하게 여겨지는 부분도 적어 보세요.

5. 꿈이 마지막에 어떻게 끝났는지 적어 보세요.

6. 꿈을 깬 후의 느낌도 적어 보세요.

7. 무서운 꿈이라도 그 모습을 그림으로 그릴 수 있으면 그려 보세요.
   훨씬 두려움이 없어집니다.

8) 착지법

여덟째 회복스킬은 '착지법'입니다.

착지법[28]은 땅에 발을 딛고 있는 것을 느끼면서 '지금 여기'로 돌아오는 것입니다.

정말 심한 멘붕이 왔을 때는 내가 내가 아닌 것 같기도 하고, 꿈인지 생시인지 구분이 잘 되지 않을 때도 있습니다. 시간이 한참 지난 후에도 그때 일이 떠오르면 다시 멍해지기도 합니다. 이러한 재경험은 사건 당시의 생생함과 정서적 강렬함을 동반합니다.

그때 자신의 발이 땅에 닿아 있는 것을 느끼면서 제정신을 차리세요. 그리고 주위에 보이는 5가지 물건의 이름을 불러 보세요.
그러고 나서 앞에서 배운 호흡법이나 안전지대법, 나비포옹법, 소환법, 상상법, 봉인법을 이용하세요.

부정적 기억이나 감정, 생각이 나타났을 때 빨리 알아차리는 순발력은 이제까지 배운 회복스킬들을 사용하는 데 필요합니다. 불도 작을 때 빨리 끌 수 있듯이 말이죠.

착지법

1. 자, 깊이 심호흡을 한 번 하세요.

2. 앉거나 서 있는 상태에서 발이 땅에 닿아 있는 느낌에 집중하세요.

3. 발이 땅에 닿아 있는 느낌이 들면 발가락을 꼼지락거려 보세요.

4. 발뒤꿈치를 들었다가 쿵 내려놓으세요. 그리고 발뒤꿈치에 지긋이 힘을 주면서 단단한 바닥을 느끼세요.

5. '나는 지금 여기에 있다. 과거는 지나갔다.' 라고 되뇌어 보세요.

좋습니다. 좀 안정이 되시나요?

9) 노출법

아홉째 회복스킬은 '노출법'입니다.

노출법은 회피를 극복하는 공격법입니다.

이제까지는 멘붕에서 회복되기 위해 내공을 높이는 방어법을 위주로 배웠다면, 노출법은 적극적으로 트라우마로부터 벗어나기 위한 공격법입니다. 그러므로 앞의 8가지 회복스킬들이 충분히 수련되어 있을 때만 시도하세요.

노출법은 멘붕(트라우마) 이후 회피해 왔던 상황을 단계적으로 직면하고 버티어 내서 공포를 극복하는 것입니다.

엘리베이터에 혼자 갇히는 경험을 한 초등학생이 있었습니다.[29] 그 아이는 그 후 엘리베이터를 타는 것이 두려워졌습니다. 그래서 5층이 되는 아파트 집까지 걸어 다녔지요. 다리가 좀 아팠지만, 두려움보다는 견딜 수 있어서 그렇게 쭉 생활해 왔습니다. 이것이 바로 회피입니다.

그 아이는 10층 이상의 건물에 가야할 때는 걸어 올라가는 것이 힘들고, 시간이 너무 많이 걸리기 때문에 갈 수가 없었습니다. 그래서 가족 식사모임에 참석하지 못하는 경우도 생기게 되었습니다. 또한 63빌딩 전망대로 가는 학교 견학에도 참여하지 못하게 되자 엘리베이터를 무서워한다는 사실이 소문나 친구들의 놀림을 받게 되었습니다.

그래서 이 초등학생이 엄마와 함께 저의 진료실에 찾아왔습니다. 그 아이가 엘리베이터를 타지 못한지 이미 2년의 세월이 흐른 상태였습니다.

　몇 번 엘리베이터를 타는 시도를 해 보았지만, 공포를 느낀 후 도리어 회피가 더 심해졌습니다.

　회피는 처음에는 일종의 방어책으로 시작됩니다. 하지만 그것은 점차 감옥이 되어서 그 사람을 가두게 됩니다. 회피를 그대로 두게 되면 시멘트처럼 점점 굳어져 시간이 지날수록 깨기 힘들어집니다.

　나는 그 학생과 어머니에게 단계적으로 엘리베이터 타는 연습하기를 제안했습니다. 먼저 엄마와 함께 1층에서 2층까지만 엘리베이터를 타고 내리는 거지요. 그것을 견딜 수 있게 되면 엄마랑 같이 1층에서 3층까지 엘리베이터를 타는 겁니다. 그렇게 단계적으로 엘리베이터를 타는 시간을 늘린 후에 혼자서 1층에서 2층까지 엘리베이터를 타 보는 도전을 하도록 했습니다. 그다음에는 1층에서 3층, 4층, 5층까지 단계적으로 도전하게 했습니다.

　이 아이는 단 일주일 만에 자신의 엘리베이터 공포증을 극복할 수 있었고, 그 후에는 제 진료실에 올 필요가 없었습니다. '단계적 노출법'이라는 아주 간단한 방법만을 알려 주었을 뿐인데 말이죠.

물론 모든 트라우마에 의한 회피가 이렇게 쉽고 간단하게 해결되지는 않습니다. 하지만 기본적인 원리는 같습니다.

실제 교통사고 이후 자동차를 타는 데 공포증이 생긴 경우에도 처음에는 서 있는 자동차를 보기만 하고, 그다음에는 서 있는 자동차에 타 보고, 그다음에는 믿을 수 있는 사람이 운전하는 자동차에 타 보고, 그다음에는 택시도 타 보고, 마지막에는 직접 운전도 해 보는 식으로 단계적 노출법을 통하여 회피를 극복하게 됩니다.

앞에서 사건 초기에는 '말하지 않을 자유'가 있다고 설명했던 것을 기억하세요?
하지만 어느 정도 안정이 되고 믿을 수 있는 사람이 생겼을 때는 이야기를 하면서 직면하는 것이 필요합니다.
물론 그것은 쉽지 않고 직면할 용기가 필요합니다.

제2차 세계대전 때 영국의 수상이었던 윈스턴 처칠은 나치의 공습으로 런던에 폭탄이 떨어지는 상황에서 국민들에게 라디오를 통해 이렇게 했습니다.

"두려움은 맞서면 반이 되고,
뒤돌아서면 배가 됩니다."

단계적 노출법은 '감정의 물리치료'로 설명되기도 합니다.

예를 들어, 손에 화상을 입어서 손을 오므리기가 힘든 사람이 있습니다. 그 사람은 손이 잘 오므려지지 않아서 문을 열기가 힘들고, 그로 인해 일상생활에 지장이 많습니다. 손을 오므리는 물리치료가 고통스럽지만, 포기하지 않고 계속하여 손을 오므릴 수 있게 된다면 그 사람은 문을 열 수 있게 될 뿐만 아니라 자신감과 희망도 가질 수 있게 됩니다.

단계적 노출법도 이와 같습니다. 스스로를 두려움에 대해 단계적으로 노출시켜 회피를 극복함으로써 삶의 영역이 넓어지고 자신감과 희망을 가질 수 있게 됩니다.

노출의 과정은 힘들기 때문에 스스로에게 이런 설명을 해서 '동기 부여'를 해 주는 것이 필요합니다. 그렇게 하지 않으면 앞에 나온 아이처럼 '불편해도 그냥 피하고 살면 되지.'라고 생각하는 자기 합리화에 빠지게 됩니다.

하지만 준비 없이 무작정 도전했다가는 실패를 경험하고, 두려움이 도리어 더 커질 수도 있습니다.

그렇지만 우리는 이미 8가지 회복스킬들(호흡법, 안전지대법, 나비포옹법, 봉인법, 소환법, 상상법, 수면법, 착지법)을 배웠지요. 이 회복스킬들을 이용하면서 노출법에 도전하면 됩니다.

그러기 위해서는 먼저 '도전의 계단'을 만들어야 합니다.[30]

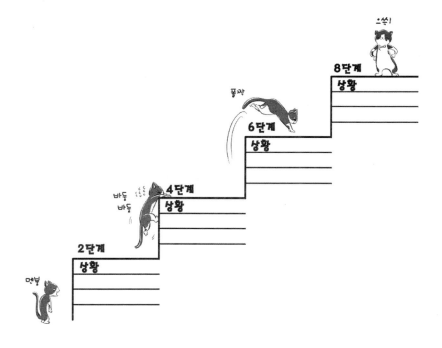

도전할 상황에서 예상되는 불안의 정도를 감정 온도계를 이용하여 미리 측정하여 봅니다.

그리고 단계적으로 도전할 과제를 설정합니다. 마치 게임에서 퀘스트를 설정하듯이……

도전의 계단 1: 엄마와 함께 2층까지 엘리베이터 타기

감정 온도계 5점

도전의 계단 2: 엄마랑 함께 3층까지 엘리베이터 타기

감정 온도계 6점

도전의 계단 3: 엄마랑 함께 4층까지 엘리베이터 타기

감정 온도계 6점

도전의 계단 4: 엄마랑 함께 5층까지 엘리베이터 타기

감정 온도계 7점

도전의 계단 5: 엄마 없이 혼자서 2층까지 엘리베이터 타기

감정 온도계 8점

도전의 계단 6: 엄마 없이 혼자서 3층까지 엘리베이터 타기

감정 온도계 8점

도전의 계단 7: 엄마 없이 혼자서 4층까지 엘리베이터 타기

감정 온도계 9점

도전의 계단 8: 엄마 없이 혼자서 5층까지 엘리베이터 타기

감정 온도계 9점

앞에 나온 예처럼 도전의 계단을 만들 때, 갑자기 그 단계가 너무 높아지지 않도록 설정하는 것이 중요합니다. 하다가 힘들면 아래 계단으로 내려갈 수도 있습니다.

도전의 계단 만들기

도전의 계단 1:

_____

_____ 감정 온도계   점

도전의 계단 2:

_____

_____ 감정 온도계   점

도전의 계단 3:

_____

_____ 감정 온도계   점

도전의 계단 4:

_____

_____ 감정 온도계   점

도전의 계단 5:

_____

_____ 감정 온도계   점

도전의 계단 6:

_____

_____ 감정 온도계   점

도전의 계단 7:

_____

_____ 감정 온도계   점

도전의 계단 8:

_____

_____ 감정 온도계   점

자, 그럼 이제 도전의 계단에 도전해 봅시다.

도전의 계단에 직면하는 법

1. 먼저 도전의 계단에서 지난번에 성공한 다음 단계를 도전 과제로 정하세요. (예: 처음으로 엄마 없이 2층까지 엘리베이터 타기)

2. 도전하기 전의 감정 온도계 점수를 매겨 보세요.
   (예: 가슴이 답답하고 긴장된다. 감정 온도계 점수 6점)

3. 소환법을 이용하여 마음의 준비를 하세요. (예: 피겨 스케이트 선수 김연아 소환 '무섭지만 2층에서 엄마가 기다리고 있고, 금방 끝날 거야. 잘 할 수 있어, 파이팅')

4. 두려운 상황에 들어가면서 호흡법(심호흡을 하면서 긴장감을 몸 밖으로 배출하고, 속으로 숫자를 세면서 복식호흡)을 시작하세요.

5. 안전지대법을 사용합니다. (예: 친구들과 축구를 하며 뛰어노는 것을 상상합니다.)

6. 다시 감정 온도계 점수를 매겨 보세요. (예: 예전 기억이 떠올라 손이 떨리고 불안해진다. 감정 온도계 점수 7점)

7. 즐거운 생각을 하면서 계속 버티며 그 상황 속에 머무세요.
   (예: '치킨 먹는 것을 상상하면서 조금만 견디자.')

8. 나비포옹법을 하면서 자신을 토닥토닥해 주세요.

9. 계속 버티다가 점차 두려움이 감소하는 것을 체험하세요. (감정 온도계의 점수가 7, 6, 5, 4로 점차 감소한다.)

10. 감정 온도계가 2~3점이 되는 것을 확인하세요.

11. 착지법을 이용하여 발이 바닥에 닿아 있는 느낌을 확인하면서 '지금 여기' 돌아오는 것을 확인하세요.

12. '잘 했어! 이것은 힘들지만 두려움을 이겨 내는 과정이야. 이렇게 하면 내가 원하는 대로 친구들에게 더 이상 놀림을 당하지 않을 수 있어.'라고 스스로에게 칭찬을 해 주세요.

13. 엄마에게 칭찬을 받거나 스스로에게 작은 선물을 줄 수도 있습니다.
    (예: 치킨 사 먹기, 게임 20분 하기)

14. 이 단계에서 노출을 몇 번 반복하고, 그로 인해 쉽게 감정 온도계 점수가 떨어짐으로써 자신감이 생기면 다음 단계에 도전합니다.

이렇게 노출법으로 내 마음속의 두려움과 맞서 싸우면서 이제까지 배운 호흡법, 안전지대법, 나비포옹법, 봉인법, 소환법, 상상법, 수면법, 착지법을 모두 사용하면 이겨 낼 수 있습니다.

'시작이 반이다.'라는 말처럼 처음이 가장 어렵지만, 여러 번 반복할수록 쉬워집니다.

준비 없이 노출이 되어(엘리베이터를 혼자 타서) 재경험을 하면(예전에 엘리베이터에 갇혔던 장면이 떠오르고, 그때처럼 다시 불안해지면서) 과각성 상태(가슴이 답답하면서 '못 견디겠어. 역시 나는 극복할 수 없어.' 라는 생각이 든다)에 도달하여 도전을 포기하고, 도리어 회피 속에 갇히게 됩니다.

그런데 상상처럼 그 두려움, 긴장감이 계속 끝없이 올라가는 것이 아닙니다.
어느 지점에 도달하면 두려움, 긴장감이 떨어지기 시작합니다. 이것을 전문용어로 '습관화 효과(habituation effect)' 라고 부릅니다.

마치 화장실에 처음 들어가면 냄새가 확 나지만, 시간이 지나면서 후각 신경이 그 자극에 둔감해지기 시작하여(습관화) 냄새가 안 느껴지기 시작하는 것과 비슷합니다.

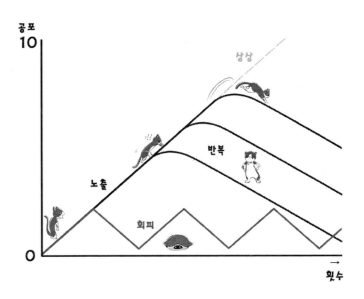

이것은 심리적인 과정이라기보다는 생리학적인 과정입니다. 우리의 뇌는 새로운 자극에 혹시 위험이 없나 긴장하다가 그 자극이 반복되고 별 위험이 없다고 판단되면 그 자극에 대한 경계를 낮추고 나중에는 무시하게 됩니다. 따라서 두려운 상황에 직면하였을 때 그 긴장감이 떨어지는 순간까지 버텨 내기만 하면 우리의 뇌는 이 자극이 더 이상 위험하지 않다는 정보를 받아들이고, 그로 인해 더 이상 두려워하지 않게 됩니다.

이렇게 몇 번 긴장감이 떨어질 때까지 충분히 견디는 경험을 하면 그 긴장감도 점차 떨어지기 시작합니다. 이효리의 'Just 10 minute'이라는 노래 제목처럼 딱 10분만 버티면 충분합니다.

하지만 중간에 도전에 실패를 하게 되면 우리의 뇌는 그것이 여전히 위험하다고 판단하여 더욱 경계하고 그 상황을 회피하게 되지요. 그래서 '성공의 경험'이 중요합니다. 그렇기 때문에 이런 지식을 바탕으로 해서 단계적으로 노출 계획을 짜고, 하나하나 도전해 가는 것이 중요합니다.

도전을 마치고 도표에 기록을 하면 체계적으로 확인할 수 있어 도움이 됩니다.[31)

	언제 어디서 시도했는가?	감정 온도계 점수		
		시작 전 점수	마친 후 점수	가장 높았던 점수 (최악의 순간)
1차				
2차				
3차				
4차				

그런데 하나 기억해야 할 것이 있습니다. 두려움을 극복하겠다고 실제로 위험한 일에 무모하게 도전하지는 말아야 합니다. 그것은 용기가 아니고 만용이니까요.

1. 그 도전이 실제로 나를 다치게 할 수 있는지?

2. 다른 사람들도 그것을 하는지?

3. 내 가족들도 그것을 하는 데 동의할지?

앞의 질문들을 스스로 자문하면 쉽게 판단할 수 있습니다.

안전이 제일 중요합니다.

짝짝짝. 이제 멘붕 탈출 9가지 회복스킬을 다 배웠습니다. 하산해도 되겠네요. 오랜 시간 함께하느라 정말 수고 많았고 끝까지 수련해 줘서 고맙습니다. 9가지 회복스킬 중에 어떤 회복스킬이 가장 도움이 되고 와 닿았는지 저는 정말 궁금합니다.

이 모든 것을 한꺼번에 다할 수는 없습니다. 다하려고 부담을 가질 필요도 없습니다. 이 책은 여러 모양과 크기의 드라이버가 들어 있는 공구상자와 같습니다. 사람마다 다양한 형태의 어려움과 문제를 가지고 있기 때문에 다양한 방법을 소개한 것입니다.

한 가지라도 여러분에게 우선 와 닿는 회복스킬부터 연습해 보세요. 그리고 익숙해지세요.

그냥 책으로 읽고 끝나는 것이 아니라

한 번이라도 멘붕 탈출 9가지 회복스킬을 꼭 직접 테스트해서 맛보시기 바랍니다.

사람의 마음은 자석과 같아서 생각하는 것을 끌어당기는 힘을 가진다.

앤드류 매튜스

07 일체유심조 – 생각 · 감정 · 행동(몸)의 삼각형

트라우마는
스트레스의 강도뿐만 아니라
사람에 따라,
그 상황에 대한 마음가짐에 따라
다르게 나타납니다.
여기에 희망이 있습니다.

트라우마를 어떻게 바라보고, 생각하고, 느끼는지
자기 자신에 대해 어떻게 생각하고 느끼는지에 따라
트라우마에서 회복되는 데 걸리는 시간이 달라집니다.

혹시 원효의 해골물 이야기를 아세요?

신라의 스님인 원효가 당나라로 유학을 가던 중에 밤이 깊어 어떤 동굴에서 하룻밤 노숙을 하게 되었습니다. 한밤중에 목이 말라 잠결에 물을 마셨는데 물맛이 매우 시원하고 맛있었습니다. 다음 날 아침에 깨어나 보니 그 물은 해골에 고인 빗물이었고, 그것을 알게 된 순간 원효는 구역질을 하면서 토하려고 했습니다.

바로 그 순간, 자신의 생각에 따라
해골에 고인 빗물이 다르게 느껴지는 것을 체험하고,
'모든 것은 오로지 마음이 짓는 바' 라는, 일체유심조(一切唯心造)를 깨달아 당나라로 유학 가던 것을 멈추고 돌아왔다는 이야기입니다.

이것은 현대 심리학 중 하나인 인지행동치료(Cognitive Behavioral Therapy)의 기본인 생각 · 감정 · 행동(몸)의 삼각형을 잘 설명해 주는 일화입니다.
생각과 감정과 행동(몸)은 서로 연결되어 있고, 상호 영향을 주고받습니다.

인지행동치료

생각

감정 ⟵⟶ 행동

멘붕(트라우마) 회복스킬은 주로 감정을 조절하는 법입니다.
하지만 감정은 직접 조절하기가 어렵습니다.

불안해지지 말아야지 마음먹어도 그 불안이 가라앉지 않고
슬프지 말아야지 마음먹어도 슬픔이 금방 멈추지 않습니다.
화를 참으려고 해도 도리어 폭발하게 되기도 합니다.
감정은 의지로 쉽게 조절할 수 없습니다.

하지만 생각은 비교적 쉽게 바꿀 수 있습니다.
차근차근 따져 보고
다른 사람과 대화를 하면서
그 생각의 왜곡된 부분을 찾아내면 직접 고칠 수 있습니다.
왜곡된 생각을 바꾸면
그 생각과 연결된 감정도 따라서 바뀌게 됩니다.

원효 대사는
해골에 고인 물이라는 생각이
역겨운 감정을 불러일으키고
구역질하는 행동으로 이어진 것을 깨달은 것입니다.

그래서 생각을 바꾸면
감정도, 몸의 반응도, 행동도 바뀌게 된다는 것을 깨달은 거죠.
다음의 '유재석과 이적(처진 달팽이)'이 함께 부른 '말하는 대로'라는 노
래의 가사처럼 말이죠.

말하는 대로

......

마음먹은 대로 생각한 대로
할 수 있다는 건 거짓말 같았지.
고개를 저었지.

그러던 어느 날 내 맘에 찾아온
작지만 놀라운 깨달음이
내일 뭘 할지 내일 뭘 할지 꿈꾸게 했지.

사실은 한 번도 미친 듯 그렇게 달려든 적이 없었다는 것을
생각해 봤지.
일으켜 세웠지 내 자신을

말하는 대로 말하는 대로
될 수 있단 걸
눈으로 본 순간
믿어 보기로 했지.

마음먹은 대로 생각한 대로
할 수 있단 걸 알게 된 순간
고갤 끄덕였지.

......

생각이 바뀜으로써 감정이 변하는 것을 직접 경험하는 것은
정말 강력한 깨달음입니다.
여러분들도 꼭 경험할 수 있을 거예요.

그리고 감정이 바뀌면
몸의 반응도 달라지고, 행동도 달라집니다.

거꾸로 몸을 움직여 행동을 해 보면
감정과 생각이 바뀌는 것도
꼭 경험해 보았으면 좋겠습니다.
몸을 움직이고 나면 마음이 달라집니다.

웃으면 기분이 좋아집니다.
그래서 '웃음치료' 라는 방법도 있습니다.

이것이 앞에서 '몸을 잘 돌봐라.' 라는 말의 이유이기도 합니다.
이렇게 마음과 몸은 이어져 있고, 바뀔 수 있습니다.

운동을 제대로 배워 꾸준히 하면 몸이 건강해지듯이
마음도 제대로 조절할 수 있는 기술을 배워서 꾸준히 훈련하면 바뀔 수
있습니다.
마인드 컨트롤(mind control)이 가능합니다.

감정·생각·행동(몸의 반응)을 표에 적어 보는 것도 그런 훈련 중 한 가지입니다.

상황	자동차 경적 소리를 들었다.
생각	위험하다.
감정	무섭고 긴장된다.
행동 (몸의 반응)	가슴이 두근대고, 몸이 굳어진다. 그래서 귀를 막고 집으로 되돌아갔다.

이렇게 표에 적어 보면 거리를 두고 내 마음을 바라볼 수 있게 됩니다.

상황	
생각	
감정	
행동 (몸의 반응)	

앞에서 감정 온도계 점수가 6점 이상 올라가면 불안에 의해서 제대로 생각하지 못하게 되고 생각이 극단적이거나 부정적으로 쉽게 바뀔 위험이 높아질 수 있다고 설명했었습니다. 그렇게 되면 상황을 있는 그대로 제대로 볼 수 없게 됩니다.

불안하고 극단적인 생각을 빨간 생각(Red Thought)[32], 유용하고 쿨한 생각을 파란 생각(Blue Thought)이라고 부르는데, 둘을 각각의 칸에 적어 보고 비교하는 것도 도움이 됩니다.

빨간 생각은 '저절로 떠오르는, 나는 생각', 파란 생각은 '곰곰이 따져보는, 하는 생각' 입니다.
여기서 유의할 것은 사실적으로 맞느냐 틀리느냐의 문제가 아니라 이 상황을 나에게 도움이 되는 방향으로 해석하느냐, 못하느냐의 문제입니다.[33]

상황: 영어 시험을 망쳤을 때

불안한 생각(빨간 생각)	유용한 생각(파란 생각)
끝장이다.	다음에 잘하면 되지.
나는 뭘 해도 안된다.	이번에는 너무 시간이 부족했다.
나는 잘하는 것이 없다.	나는 운동은 잘한다.
엄마가 나를 엄청 혼낼 것이다.	이것도 지나갈 것이다.

상황:

불안한 생각(빨간 생각)	유용한 생각(파란 생각)

파란 생각을 찾아내기 위해서 '제일 친한 친구, 베스트 프렌드가 이 상황에 빠졌다면 나는 뭐라고 조언해 줄까?'를 생각해 보세요.

인간의 뇌구조를 뇌간(파충류의 뇌, 생명 중추, 생명뇌), 변연계(포유류의 뇌, 감정과 동기, 감정뇌), 대뇌피질(인간의 뇌, 우선순위 결정, 감정 충동 조절, 생각뇌) 3개 층으로 크게 나누어 설명하기도 합니다.

마치 감정뇌(변연계)를 생각뇌(전두엽)가 감싸고 있는 뇌의 해부학적 구조처럼 불안한 빨간 감정을 나에게 도움이 되는 파란 생각으로 토닥여 주세요.

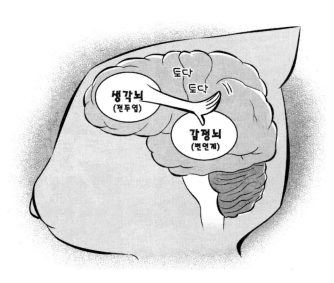

인생에서 가장 위대한 영광은 한 번도 넘어지지 않는 것이 아니라
넘어질 때마다 다시 일어서는 데 있습니다.

넬슨 만델라

08 오뚝이와 파도타기

트라우마에서 얼마나 회복되었는지 알 수 있는 방법은 외상후 스트레스 증상들(재경험, 과각성, 회피 등)이 나타났다가 다시 평정심을 회복하는 데 걸리는 시간을 측정하면 됩니다. 당연히 평정심이 빨리 회복될수록 트라우마에서 많이 회복된 것입니다.

평정심은 있는 그대로 볼 수 있는 여유 있고 안정된 마음입니다. 처음에는 사건과 관련된 이미지나 생각, 느낌들이 떠오르면 며칠 동안 아무 것도 할 수 없다가 하루 만에 안정이 되기도 합니다. 점차 반나절, 몇 시간, 몇십 분, 5분 만에 평정심을 회복하게 됩니다. 그리고 숙제든, 공부든 내가 해야 할 일을 할 수 있게 됩니다.

비유하자면 바닥에 중심을 잡는 무거운 추가 있어서 넘어져도 다시 일어나는 오뚝이처럼 다시 안정되는 데 걸리는 시간이 짧아지게 됩니다. 회복 시간이 짧아질수록 외상후 스트레스 증상이 사라지는 것도 점점 가까워집니다.

여러 가지 외상후 스트레스 증상은 파도처럼 밀려왔다가 사라지기를 반복하기도 합니다. 그 파도 위에서 파도타기를 하듯이 균형을 잡고 넘어지지 않는 것을 즐기는 것이 멘붕 탈출 회복스킬의 핵심입니다.

희망이란
본래 있다고도 할 수 없고, 없다고도 할 수 없다.
그것은 마치 땅 위의 길과 같은 것이다.
본래 땅 위에는 길이 없었다.
한 사람이 먼저 가고, 걸어가는 사람이 많아지면
그것이 곧 길이 되는 것이다.

루쉰

09 마음 부자 – RICH 원칙

트라우마에서 회복되는 데 RICH 원칙이라는 것이 있습니다.
RICH 원칙은 존중(Respect), 정보(Information), 연결(Connect), 희망(Hope)의
첫 글자를 모은 것입니다.[34] RICH는 '부자, 부유한'의 뜻을 가졌는데, 이
4가지는 마음이 부자가 되는 데 필요한 것이죠.

존중은 우리 마음속에 있는 회복력, 회복탄력성(resilience)을 경험하고
믿게 되는 것입니다. 회복력은 역경을 이겨 내는, 우리 안에 깃들어 있는
생명의 힘입니다.

맥스웰 몰츠는 자신의 책 『성공의 법칙』에서 이렇게 말하고 있습니다.

우리 보통 사람들은 이런 모든 부정적인 힘에 맞서 건강과 행복을 얻기
위해 오로지 자신의 나약한 의지만으로 싸워야 한다고 생각할 때, 자신을 한
없이 힘없고 무력한 존재로 느끼곤 한다.…… 그러나 수많은 환자들과의 임
상 경험을 통해 확신하건대, 우리는 혼자서 그 일을 할 필요가 없다! 우리 마
음속에는 생명 본능이란 것이 있으며, 그것은 건강과 행복 그리고 보다 나은
삶을 지향하는 모든 것을 간절히 원하고 있다. 우리의 생명 본능은 창조적
메커니즘 또는 개개인에게 잠재해 있는 자연발생적인 성공 메커니즘을 통
해서 우리 자신을 위해 활동하는 것이다.

이런 생명의 힘을 아주 쉽게 느껴 볼 수 있는 방법이 있습니다. 입을 다
물고, 코를 막고, 숨을 30초만 참고 버티어 보세요. 그러면 가슴이 답답해
지다가 나도 모르게 입을 열고 숨을 쉬게 하는 어떤 힘을 느끼게 될 것입
니다. 그것이 바로 생명 본능, 생명의 힘입니다.
척박한 땅에서도 씨앗이 뿌리를 내리고 싹을 틔우게 하는 힘입니다.

그리고 이러한 경험을 통해 자신을 존중하게 된 사람은 다른 사람들도
존중할 수 있게 됩니다. 자기를 제대로 사랑하는 만큼 다른 사람도 제대로
사랑할 수 있게 됩니다.

정보는 이러한 회복력이 제대로 작동할 수 있는 방법을 배우는 것입니
다. 이 책에 소개되었던 여러 가지 회복스킬이 바로 정보에 속합니다. 이
러한 정보는 많은 사람들이 자신의 삶의 고통을 극복하면서 깨달은 지혜
와 경험을 모은 것입니다. 단순한 지식이 아닙니다.

연결은 함께하는 것입니다. 멘붕을 경험하고 트라우마에 빠졌을 때 도움을 청하고 누군가와 함께하는 것이 꼭 필요합니다. 부모님께 말하면 '부모님이 너무 걱정하지 않으실까?' '부모님이 도리어 문제를 더 크게 만들지 않을까?' 여러 가지 복잡한 생각이 들 수도 있습니다. 하지만 대부분 부모님과 빨리 상의하는 것이 제일 좋은 선택인 경우가 많습니다. 부모님과 이야기하기 힘들다면 친한 친구나 학교에 있는 상담실 선생님과 상의해 볼 수 있습니다. 도움을 청하는 것은 용기 있는 행동입니다.

희망은 이렇게 자신을 다시 믿고, 배우고, 함께함으로써 꽃처럼 우리의 마음속에서 자연스럽게 피어나게 됩니다. 과거에서 벗어나 미래를 꿈꾸고 불신에서 벗어나 신뢰를 다시 쌓으며 무력감에서 벗어나 자신감을 되찾아가는 과정입니다. 그렇게 함으로써 웃게 되는 거죠.

밍기뉴, 너는 알 거야. 내가 정말 나쁜 아이가 아니라는 걸.

소설 『나의 라임 오렌지나무』 중에서

10 나의 라임 오렌지나무 – 심리적 자원

앞에서 배운 회복스킬 중 소환법이 있었는데 기억나세요?

소환의 대상은 내가 좋아하는 음식(치킨, 피자 등), 만화 캐릭터(뽀로로, 포켓몬, 나루토 등), 좋아하는 운동선수(피겨 스케이트 선수 김연아, 축구선수 손흥민 등), 연예인(EXO 등) 등이 될 수 있다고 했습니다.

이러한 것들을 심리학에서는 심리적 자원, 리소스(resource)라고 부릅니다. 이것은 우리에게 세상을 살아갈 힘을 주는 활력소, 강장제, 에너자이저라고 할 수 있습니다. 바로 우리 마음의 밑천이지요. '밑천'을 국어사전에서 찾아보면, '어떤 일을 하는 데 바탕이 되는 돈이나 물건, 기술, 재주 따위를 이르는 말'이라고 나와 있습니다. 이러한 마음의 밑천이 많은 사람이 마음 부자이겠지요.

트라우마 회복의 과정은 자신이 가지고 있던 심리적 자원을 재발견하고 활용해 가는 과정이기도 합니다. 즉, 자신의 힘을 되찾아 가는 과정입니다. 앞에서 설명한 RICH 원칙도 자신의 심리적 자원을 믿고(Respect), 그것에 대해 알아가고(Information), 활용하여(Connect) 희망(Hope)을 찾아가는 과정으로 설명될 수도 있습니다.

그럼, 내 마음의 밑천, 심리적 자원을 찾아볼까요?

우선 여러분 자신의 현재를 살펴봅시다.

지금 여러분에게 제일 힘을 주는 것은 무엇인가요? 내가 제일 좋아하는 것은 무엇인가? **좋아하는 운동 – 농구나 축구–을 하거나 좋아하는 음악을 듣는 것이 힘이 되기도 합니다. 좋아하는 운동이나 음악이 있다는 것이 내 마음의 밑천입니다.** 힘들 때 자신에게 뭐라고 위로의 말을 해 주나요? 스스로를 격려할 수 있는 것도 심리적 자원입니다. 그것은 내 안에 있는, 나의 것으로 누구도 빼앗아 갈 수 없습니다.

내 과거의 기억을 더듬어 봅시다.

여러분이 과거에 자신감을 느꼈던 순간을 찾아보세요.

초등학교 때 상을 받은 기억일 수도 있고, 학원 연주회에서 발표를 한 기억일 수도 있습니다. 시험을 잘 보아서 선생님이나 부모님의 칭찬을 받거나 그림을 잘 그려서 친구들이 부러워한 기억일 수도 있습니다. 달리기를 하면서 힘들었지만 끝까지 완주해 내어 뿌듯했던 기억일 수도 있습니다.

트라우마를 받고 자신감을 잃어버렸을 때는 이러한 과거의 좋은 기억들이 잘 떠오르지 않고, 별것 아닌 것처럼 느껴지기도 합니다. 그래도 눈에 잘 보이지도 않는 씨앗에서 거대한 나무가 자라듯이, 작게만 느껴지는 과거의 기억 속에서 자신감을 되찾는 과정이 시작됩니다.

그리고 나에게 힘이 되어 주었던 주변 사람들을 떠올려 봅시다. 나를 특별히 예뻐해 주셨던 선생님이나 나랑 잘 통했던 친구들과의 즐거웠던 추억을 떠올려 보세요. 너무 당연한 것처럼 느껴지기도 하지만 내 옆에서 기쁠 때나 슬플 때나 함께해 주는 가족, 부모님과의 즐거웠던 추억을 떠올려 볼 수도 있습니다. 나에게 잘해 주셨던 친척—할머니, 할아버지, 이모, 고모 등—과의 소중한 추억과 느낌을 떠올려 보세요.

사람은 아니지만, 내가 가면 반겨 주는 반려동물과 함께했던 시간을 떠올려 볼 수 있습니다. 그때 반려동물을 만졌을 때의 촉감 등을 생생하게 떠올려 보세요. 이런 가족, 친구, 선생님, 반려동물과의 추억은 내 마음속에 있는 소중한 재산입니다.

책이나 영화, TV에서 보았던 감명 깊은 이야기의 주인공을 떠올려 볼 수도 있습니다. 용기와 끈기를 가지고 어려움을 이겨 내는 소설이나 만화의 주인공을 떠올려 볼 수도 있습니다. 그리고 그때의 가슴 뭉클했던 느낌도 떠올려 보세요. 나의 롤모델이 될 수 있는 실제 인물을 찾아보세요. 스티브 잡스나 간디, 우리나라의 위인들의 전기를 읽어 볼 수도 있습니다. 내 마음에 감동(感動)—감정을 건드려 움직이게 하는—을 준 이야기 속의 주인공도 나에게 영감을 주고, 좋은 심리적 자원이 됩니다.

종교가 있는 것도 좋은 심리적 자원입니다. 십자가나 불상 같은 종교적 상징물의 이미지도 힘들 때 마음의 힘을 주기도 합니다.

산에서 보았던 멋진 풍경이나 주변에서 내 눈에 특별하게 다가오는 나무나 돌, 바다 같은 자연과의 교감도 훌륭한 심리적 자산입니다.

『나의 라임 오렌지나무』는 브라질의 소설가 조제 마우로 데 바스콘셀로스가 1968년에 발표한 소설입니다. 간행 당시 유례없는 판매 1위를 기록하였고, 영화화되기도 하였습니다. 32개 언어로 번역, 출판되었으며, 우리나라에서도 300만부 이상 팔렸다고 합니다.

『나의 라임 오렌지나무』의 주인공 제제는 가난 속에서 아버지, 형에게 냉대와 매질을 당하면서 자라지만 그래도 씩씩하고 용감합니다. 제제는 그런 힘든 상황이지만 뒤뜰에 있는 라임 오렌지나무에 '밍기뉴'라는 이름을 붙이고 함께 대화하며 상상 속에서 함께 놉니다. 제제는 기분이 좋을 때면 그 나무를 '슈르까'라고 부르기도 합니다. 제제에게 라임 오렌지나무는 훌륭한 심리적 자원입니다. 그리고 힘든 순간일수록 더 많이 대화할 수 있는 상대가 되어 주고, 힘을 줍니다. 당연히 밍기뉴는 제제의 마음속에 있는 존재이지요.

2부에서는 자신의 차에 매달린 제제에게 망신을 주었으나 걷기 힘들어하는 제제를 병원에 데려다주고 화해한 뽀루뚜가 아저씨를 만나게 됩니다. 제제는 뽀루뚜가 아저씨를 아버지처럼 따르고 좋아합니다. 뽀루뚜가 아저씨에게 받은 사랑은 제제에게 큰 심리적 자산이 됩니다. 하지만 뽀르뚜가 아저씨가 교통사고로 사망한 후 제제는 삶의 희망을 잃어버리고 열병이 납니다. 마지막에 밍기뉴는 하얀 꽃을 피우는데, 제제는 그 꽃이 자신과의 작별 인사라는 것을 압니다. 밍기뉴도 어느새 어른 라임 오렌지나무가 되었고, 제제도 성장해 가는 것으로 소설은 끝이 납니다.

저는 십대 때 이 소설을 읽고 정말 한참을 울었습니다. 특히 뽀루뚜가 아저씨의 죽음을 전해 듣고 제제가 우는 부분에서 왜 그렇게 눈물이 났는 지……. 그리고 나이가 들어서 20대, 30대에 다시 읽을 때도 역시 눈물이 났습니다. 『나의 라임 오렌지나무』의 작가는 인생에서 슬픔이란 우리가 이성을 갖게 되고, 인생의 양면성을 발견함으로써 동심의 세계를 떠나는 그 순간에 느끼게 되는 것이라고 말합니다. 하지만 저에게 소설 『나의 라임 오렌지나무』는 인생의 양면성 속에서도 빛나는 사랑의 힘이 어떻게 동심을 지켜 주고, 그 동심이 얼마나 소중한지를 깨우쳐 주었습니다. 그 감동이 저를 소아정신과 의사가 되도록 이끈 면도 있습니다. 그래서 소설 『나의 라임 오렌지 나무』는 저의 소중한 심리적 자산입니다.

너는 아름다운 나비가 될 수 있어. 우리는 모두 너를 기다리고 있을 거야!

『꽃들에게 희망을』 중에서

11 멘붕(트라우마) 탈출의 최종 관문

멘붕(트라우마) 탈출의 최종 관문은
끔찍했던 사건의 피해자로서가 아니라 그 사건이 지나갔다는 사실을
알고 그 기억에 대해 어떻게 해석하느냐에 따라 의미가 달라진다는 것을
배우게 되는 것입니다.

대학생 때 교통사고로 몸의 50% 이상에 전신화상을 입고 40번이 넘는
대수술을 받고 살아난 이지선 씨의 이야기가 2013년 SBS 〈힐링캠프〉에서
소개되었습니다. 그녀는 "사고 전으로 돌아가고 싶겠다."라는 MC의 질문
에 "전혀 돌아가고 싶지 않다. 사고 이후에 얼굴보다 더 많은 것을 깨닫고
얻었기 때문이다."라고 대답하여 많은 사람들에게 반향을 일으켰습니다.
그녀는 『지선아 사랑해』라는 자서전으로 베스트셀러 작가가 되었고, 미국
에서 사회복지사 박사 과정을 공부하였으며 현재 여러 가지 사회적 활동
을 하고 있습니다.

트라우마에서 회복되는 데 있어서 가장 중요한 것은 결국 자신의 마음가짐입니다. 트라우마도 결국 내 마음속에서 일어나는 것이기 때문입니다.

내가 선택할 수 있는 것은 없다는 피해자 의식에서 벗어나 실패가 두렵더라도 나에게 선택할 자유가 있다는 것을 잊지 않고 지켜 가는 것입니다. 스스로 자(自), 말미암을 유(由)-스스로 선택하는 자유(自由)는 인간의 정신건강에 공기와 같이 가장 소중한 것입니다. 그것은 성공이나 실패와 상관없이 나에게 어떤 태도로 살아갈 것인가를 선택할 수 있는, 아무도 빼앗아갈 수 없는 권리가 있다는 것을 아는 것입니다. 아우슈비츠 수용소에서 살아남아 로고테라피(의미치료)를 창시한 빅터 플랑클은 어떠한 역경 속에서도 의미를 추구하는 자유의 정신을 잃지 않을 때 인간의 몸과 마음은 놀라운 힘으로 자신을 지키는 것을 관찰, 경험하였습니다.

하지만 트라우마 회복의 길을 걸어갈 때 그것은 혼자서 가는 길이 아닙니다. 가족, 친구, 여러 선생님들과 함께 가는 길이지요. 그리고 그 길은 언제까지 도달해야만 하는 시합이 아니라 천천히 한 걸음씩 걸어가는 길입니다. 우리는 혼자가 아니고, 세상에는 좋은 사람들도 많습니다.

'슬픔은 나누면 반이 되고,
기쁨은 나누면 배가 됩니다.'

트라우마 치유의 가장 중요한 목표는 지금 여기(Here & Now)에서의 삶을 잘 사는 데 있습니다. 이것을 위해 과거의 기억을 더듬어 보기도 하지만, 이 또한 현재와 미래를 향할 때 의미가 있습니다.

피터 레빈 박사는 이렇게 말합니다.[35]

"트라우마의 시작점이 무엇이었든 간에 더 깊은 진실은 고통이란
현재의 우리에게 영향을 미치고 있는 과거의 사건을 어떻게 다루느
냐에 따른 결과라는 것이다."

'전화위복(轉禍爲福)' '비 온 뒤에 땅이 굳는다.' '나를 죽이지 못하는
고통은 나를 더 강하게 만든다(니체).' 는 말처럼 트라우마를 받은 후 '외상
후 스트레스' 만 있는 것이 아니라 '외상후 성장' 이 있기도 합니다.
　비록 트라우마를 겪고 있지만 자신의 한계를 경험하고 그것을 넘어서
자라는 여러분이 '진정한 챔피언' 입니다. 분명 여러분이 세상을 좀 더 정
의롭고 따뜻하게 만들어 갈 것입니다.
　책『꽃들에게 희망을』에 나오는 애벌레처럼, 여러분 자신을 변화시킴으
로써 세상이 변하는 것을 도울 수 있게 될 것입니다.

"네 꿈을 믿어, 그럼 언젠간 너의 무지개가 웃으며 다가와 줄 테니까."

디즈니 만화 '신데렐라' 중에서

12 신데렐라 – 학교폭력과 멘토

〈신데렐라〉 이야기는 아직도 영화나 드라마의 단골 소재로 끊임없이 재해석되고, 리메이크되고 있습니다. 우리나라의 〈콩쥐 팥쥐〉처럼 비슷한 유형의 이야기가 전 세계적으로 퍼져 있습니다. 그것은 〈신데렐라〉 이야기에 모든 사람의 마음을 울리는 힘이 있기 때문이겠죠. 그 힘은 우리 마음속 깊이 원래 숨어 있는 무엇으로부터 나오는 것입니다.

신데렐라는 '재투성이' 라는 뜻입니다. 신데렐라는 어머니와의 사별(死別)이라는 슬픔을 겪을 뿐만 아니라 계모로부터 '아동 학대' 를 받은 정말 상처투성이의 유년시절을 가진 주인공입니다.

이 이야기에서 반전이 일어나기 시작하는 시점은 신데렐라가 계모의 학대 속에서도 '왕자님의 무도회에 가고 싶다.' 고 용기를 내서 입 밖으로 말한 순간입니다. 그 말을 한 후 계모의 비웃음과 학대는 더 심해졌지만, 요정할머니를 만나게 되는 계기가 됩니다.

중학교 1학년 B[36]양은 평소에 말수가 적은 조용한 아이였습니다. 중학교에 입학하면서 극도로 불안해하고, 학교에 가지 않으려고 울기만 해서 부모님이 걱정이 되어 병원에 내원하게 되었습니다.

"죽고 싶어요." 자살사고를 보이는 B양은 치료자에게 그간의 사정을 털어놓기 시작했습니다. B양은 초등학교 6학년 때부터 1년간 같은 반 아이들에게 심한 집단 괴롭힘을 당했습니다. 반에서 공부도 잘하고 주도적인 C라는 아이를 중심으로 선생님이 보이지 않는 곳에서 B양에게 "찐따!" "뚱땡이!"라고 별명을 붙이고 놀리며, "더러워서 병균 옮길라!"라고 하며 근처에도 못 오게 했습니다. C는 다른 아이들에게도 "쟤는 공부도 못하고 더러우니까 놀지마."라고 말했습니다. 자신과 친했던 아이들도 점차 말을 걸지 않고 투명인간 취급을 하는 것에 B양은 큰 배신감을 느꼈습니다. '반톡'(SNS 채팅방)에서도 상대를 안 해 주었습니다.

"저한테 양치질을 하지 말라고 시켰어요. 양치질을 하면 머리를 때리고 욕하고…… 너무 무서웠어요. 얘기할 수도 없었어요. 더 괴롭힐까 봐요."

'B가 어떤 아이를 흉보았다.'라는 거짓 소문까지 나자 B양은 너무 억울했습니다. 반 아이들이 뒤에서 수군거리고, 화장실에 다녀오면 누군가 흙 묻은 신발을 공책에 문질러 놓기도 했습니다.

당시 B양이 너무 시무룩하고 힘들어하자 부모님이 물어보았지만 B양은 자세한 이야기를 하지 못하고 그저 친구들이 괴롭힌다고 하였습니다. B양은 부모님이 학교에 가서 따지면 일이 커질까 봐 겁이 났습니다. 부모님은 담임선생님과 의논하여 가해자로 지목되었던 아이에게 "친구와 잘 지내야 한다." "괴롭히지 마라."라고 주의를 주는 차원에서 일을 해결 지었고, 엄마는 모든 일이 잘 끝났다고 생각했습니다.

하지만 반 아이들은 대놓고 따돌리지는(대따) 않았지만, 은근히 따돌렸습니다(은따).

중학교에 진학한 B양은 C가 같은 학교로 진학한 것을 알았습니다. B양은 C가 또 자신을 '왕따'였다고 소문내고 괴롭힐까 봐 두려웠습니다.

"초등학교 때 괴롭힘을 당하던 것이 자꾸 생각나서 무서웠어요. 또 그런 일이 생길까 봐요. 지금은 대놓고 안 괴롭히니까 누구한테 얘기할 수도 없었어요. 그 아이는 공부도 잘하고, 선생님들도 좋아하는 아이예요. 저는 공부도 못하고 인기도 없는 왕따인데 누가 제 얘기를 듣겠어요? 부모님에게 말하면 걱정만 하실 테고…… 부모님이 담임선생님에게 이야기해 봤자 도움이 되지 않았잖아요. 아이들은 고자질쟁이라고 더 왕따 시킬 거고요. 밤이면 매일 무서운 꿈을 꿨어요. C를 보기만 해도 가슴이 두근대서 몰래 피했어요. 학교에 가는 게 죽는 것보다 싫었어요. 육교에서 떨어질까도 생각했는데 엄마 아빠 생각에 정말 힘들었어요. 혼자 방에서 많이 울었어요."

어머니는 후회하였습니다.

"그때는 일이 커질까 봐 그냥 대충 넘어갔어요. 저도 어떻게 해야 할지 몰랐어요. 이렇게 힘들어하는 줄 몰랐어요."

B양의 부모님은 C의 부모님과 직접 연락을 했고, 학교 측에도 사실을 알리고는 적극적인 관리를 요구했습니다. C의 부모님은 C를 엄하게 혼내고 진심으로 사과를 했습니다. 학교에서도 괴롭힘에 대해 정기적인 확인을 하겠다고 약속했습니다. '보호하겠다.'는 부모님과 학교의 메시지가 명확해지자 B양은 편해졌으며, 지속적인 치료와 자기표현 연습을 하며 중학교 생활에 잘 적응하였습니다.

B양의 경우도 치료자에게 자신의 상황을 입 밖으로 말하는 순간부터 반전의 계기가 시작되었고, 도저히 해결될 수 없을 것 같은 상황도 마법처럼 쉽게 해결되기 시작했습니다.

 **TIPS** 고자질쟁이와 도움 요청은 다르다!

■ 고자질쟁이와 도움 요청의 유사점:
다른 친구의 행동을 어른에게 말하는 것

■ 고자질쟁이와 도움 요청의 차이점:
고자질쟁이는 상대 친구를 혼나게 만들거나 난처하게 만들려는 목적으로 말하는 것

■ 도움을 청하는 것은 내가 어려움에 처한 상황에 대해 도움을 받기 위한 것

친구가 괴롭힘을 당할 때도 절대 모르는 척 해서는 안 됩니다. 먼저 부모님과 상의 후 담임선생님이나 상담 선생님에게 알려야 합니다.

괴롭힘을 당하는 친구를 방관해서는 안 되는 이유!

1. '내가 가해 학생에게 괴롭힘을 허락하는 행동' 이 될 수 있습니다.

2. 괴롭힘이 점점 더 심해질 수 있습니다.

3. 보호하는 친구가 많을 경우 괴롭힘이 줄어들 수 있습니다.

4. 나도 다음 피해자일 수 있습니다.

부모님에게 자신의 학교폭력 피해 사실을 이야기하면 부모님이 일방적으로 학교에 찾아가서 문제를 크게 만들까 봐 두려워하는 친구들이 많습니다. 그 걱정도 현실적으로 완전히 틀린 것은 아닙니다. 그렇지만 혼자서만 고민하는 것이 해결책이 아닌 것은 분명합니다.

우선 부모님과 대화를 충분히 해 가면서 부모님에게 현재 상황을 정확하게 알리고, 이해시키는 것이 중요합니다. 그리고 학교폭력 피해를 입증할 증거를 모으는 것이 필요합니다. 언제, 어디서, 누가, 어떻게 나를 괴롭혔는지 구체적으로 꼼꼼하게 학교 피해 상황에 대한 일지(日誌)를 적는 것이 좋습니다. 문자나 SNS 내용은 화면을 캡처하여 보관하세요.

그리고 학교폭력 문제의 처리과정에 대해 부모님에게 분명하게 자신의 의견을 제시하는 것이 중요합니다. 지금은 부모님이 알고만 계시고 내가 혼자서 버티거나 해결해 볼 테니 기다려 달라고 말할 수도 있습니다. 아니면 부모님과 담임선생님께 증거를 가지고 만날 타이밍을 같이 고민할 수도 있습니다.

"힘내, 인생은 한 순간에 바뀌기도 하는 거니까."
"원한다면 용기를 내. 떨어질까 봐 무서워하지 마. 기회를 잡아. 왜냐하면 아무것도 하지 않는 것보단 나을 테니까."

디즈니 만화 〈신데렐라〉의 명대사는 신데렐라 이야기가 끊임없이 되풀이되는 이유일 것입니다. 그리고 우리의 상처 많은 인생을 살아가게 하는 이유가 되기도 합니다. 이런 변화는 지혜로운 눈과 사랑하는 심장, 함께하는 손을 가진 '사람'과의 만남 속에서 가능해집니다. B양의 경우에는 치료자와의 만남 속에서 시작됩니다.

요정은 마법으로 신데렐라가 가진 쥐, 호박, 누더기 옷을 말, 마차, 멋진 드레스로 바꾸어 줍니다. 하지만 그것은 신데렐라가 원래 가지고 있던 것, 즉 잠재력을 발전시켜 준 것입니다.

요즘 오디션 프로그램들이 유행하면서 '멘토(Mentor)'라는 말이 친숙해졌습니다. 멘토들은 참가자들이 자신의 가능성을 실현할 수 있도록 조언을 해 주고, 격려하고, 용기를 이끌어 내는 역할을 합니다. '멘토' 라는 말은 고대 그리스의 서사시 〈오디세이아〉로부터 유래되었습니다.

이타케 왕국의 왕 오디세우스는 트로이 전쟁에 출전하면서 그의 사랑하는 아들 텔레마코스를 가장 믿을 만한 친구에게 부탁하게 됩니다. 그 믿을 만한 친구의 이름이 멘토였습니다. 오디세우스가 전쟁을 마치고 돌아오기까지 무려 10여 년 동안 그는 텔레마코스에게 때론 아버지처럼, 때론 친구로서, 어떤 때는 스승으로 그를 돌보면서 매우 훌륭한 인격자로 성숙하게 하였습니다. 그 이후로 '멘토' 라는 이름은 지혜와 신뢰로 한 사람의 인생을 이끌어 주는 지도자의 용어로 쓰이고 있습니다.

트라우마를 받은 이들에게는 멘토가 필요합니다. 부모님이 멘토가 되어 주기도 하고, 가까운 친구가 멘토가 되어 주기도 하고, 선생님이 멘토가 되어 주기도 합니다. 어떨 때는 상담가나 소아정신과 의사가 멘토가 되어 주기도 합니다.

멘토는 친구, 부모, 스승의 역할까지 일인다역(一人多役)을 했지만, 현실에서는 친구, 부모님, 선생님이 조금씩 멘토의 역할을 나누어서 하게 됩니다.

신데렐라 이야기는 백마 탄 왕자를 기다리는 수동적인 여성, 된장녀의 이야기가 아니라 최선을 다해 삶을 살아가다가 멘토를 만나 자신의 진가를 발휘하게 되는 이야기입니다.

"이 순간들이 앞으로의 인생에서 어찌 연결될지는 알 수 없습니다. 그것들은 나중에 되돌아보고서야 그 연관성을 깨닫게 됩니다. 그러므로 그런 작은 계기들이 어쨌든 미래에는 연관이 될 것이라는 확신을 가져야 합니다. 무언가

를 믿어야 합니다. 그게 용기이든, 운명이든, 인생이든, 인연이든, 그 무엇이
든 간에 말입니다. 왜냐하면, 앞으로 인생을 살아가면서 그러한 점들이 연결
될 것이라는 믿음이 자신의 가슴에서 나오는 판단을 따르는 데 자신감을 줄
것이기 때문입니다."

이는 스티븐 잡스가 2005년 스탠퍼드 대학 졸업식 축사에서 한 말입니다.

"우리 모두 조금 고칠 데가 있어"

디즈니 만화 〈겨울왕국〉 중에서

13 겨울왕국 – 내려놓음과 자유

〈겨울왕국〉의 주인공 엘사는 원래 악역이었다고 합니다.

미국 ABC 방송이 〈겨울왕국〉에 대한 프로그램을 통해 엘사가 애초에 악역으로 기획되었다는 사실을 전했습니다.

겨울왕국은 안데르센의 동화 〈눈의 여왕〉을 원작으로 한 애니메이션입니다. 원작에서 눈의 여왕은 모든 것을 꽁꽁 얼려 버리는 능력을 이용해 사람들을 데려가는 '악역'입니다. 엘사에게 바로 이 눈의 여왕의 모습이 투영됐습니다. 이에 따라 디즈니 측에서는 처음에 엘사를 악역 캐릭터로

설정한 것으로 알려졌습니다. 착한 역은 안나의 몫이었습니다. 농부의 딸인 그녀는 시련의 상처를 받았고, 눈의 여왕에게 자신의 아픈 심장을 얼려 달라는 부탁을 하는 것으로 되어 있었습니다. 엘사

는 파란 피부에 짧고 삐죽한 머리 모양을 가졌으며, 족제비로 만든 옷을 입었고, 눈매도 날카로운 악당이었습니다.

1999년 미국에서 일어난 컬럼바인 고등학교 총기 난사 사건의 내막을 살펴본 결과, 총기를 난사했던 학생은 오랜 시간에 걸쳐 지속적인 따돌림을 당한 피해자였습니다. 흔히 피해자는 약자이고 자신을 보호할 수 있는 능력이 없다는 일반적인 상식과는 상반된 현상으로, 이는 지속적인 따돌림 상황에 피해자로 노출된 아이들이 자신의 내면에 억압된 분노를 어느 순간 극단적인 폭력으로 분출시킨 것이라 할 수 있습니다.

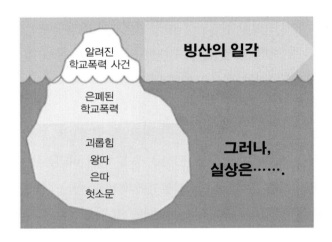

트라우마를 받은, 따돌림과 폭력의 피해자들이 행하는 폭력을 단순한 복수로 생각할 수도 있습니다. 하지만 실제는 그렇게 간단하지 않습니다.

어떤 조직에서든지 피해자였던 후배가 선배가 되어서는 또 다시 가해자가 될 수도 있습니다. 가해자가 된 선배도 역시 처음에는 조직 생활의 부조리에 겨우겨우 순응했던 피해자였습니다. 하지만 시간이 지남에 따라 자신도 모르게 '공격자와의 동일시'가 일어나면서 가해자의 역할을 받아들이고, 심지어 즐기게까지 됩니다. 스스로 느끼는 죄책감에 대해서는 '후배에게 문제가 많아서 고쳐 주기 위해서' '선배들이 후배를 똑바로 지도하라고 시켰기 때문에'라고 자기 합리화를 합니다.

'공격자와의 동일시'에는 비정상적인 주변 환경에 대한 분노, 힘에 대한 갈구, 공격자와 같은 위치에 섬으로써 자신의 위신, 자존심을 회복하고 싶은 욕구, 무력감 및 열등감으로부터 벗어나고 싶은 희망이 뒤섞여 있습니다. 이것은 그 사람을 점차 괴물로 만들어 갈 수 있습니다. 아무리 따돌림의 피해자였다고 할지라도 많은 사람들을 죽인 컬럼바인 고등학교 총기 난사 사건의 범인은 악한(惡漢)입니다.

하지만 단순히 가해자, 악한, 괴물처럼 보이는 사람에게도 나름대로 사연이 있을 수 있고, 그들을 단순히 없애 버려야 하는 존재로 보는 단순한 선–악의 이분법은 복잡한 현실에서는 무너집니다. 아동기에 학교폭력의 피해자, 가해자, 피해자였다가 가해자가 된 경우 모두 사춘기에 자살사고와 자살/자해 행동의 증가를 보였고 특히 피해–가해자와 만성적인 피해자의 경우에는 더 높은 자살 관련 후유증을 갖는 것으로 나타난 연구도 있습니다.

엘사가 악당에서 주인공으로 바뀌게 된 반전은 크리스틴 앤더슨 로페즈와 로버트 로페즈 부부가 작사 · 작곡한 노래 '렛잇고(Let it go)'에서 일어나게 됩니다. 지금까지 나를 구속해 왔던 것을 '내려놓고' 당당히 우뚝 선다는 긍정적인 내용의 노래가 악역에게는 어울리지 않는다는 것, 결국

겨울왕국 제작진 측은 '렛 잇 고'를 중심으로 전체 스토리 구조를 모두 바꿨습니다. 감독 제니퍼 리는 엘사를 '악당'으로 부르며 캐릭터를 만들어 가던 중, 엘사는 악한이 아니라 자신의 진짜 존재를 숨기도록 강요당하는 상황에서 잘못된 선택을 하는 '피해자'로 바꾸게 되었다고 설명했습니다. 덕분에 엘사는 악역이 아닌 스스로 자신에게 주어진 힘을 제어하려고 애쓰는 주인공으로 다시 태어날 수 있었습니다. 결과는 성공적이었습니다. 〈겨울왕국〉의 세계 매출은 역대 영화 중 다섯 번째로 많이 기록하였고, 역대 애니메이션 영화 중에는 가장 많이 기록하였습니다.

전체 스토리 구조까지 변화시킨 '렛 잇 고'는 어떻게 해석해야 할까요? 한국어 더빙판에서는 '다 잊어.'라고 번역하고 있습니다. 바른 번역일까요?

영영 사전에서 'Let it go'를 'to allow something/someone to be free or go free or escape'라고 설명합니다. 따라서 적당한 한국어 번역은 '내려 놓다.' '놓아주다.' '자유롭게 하다.' '내버려 두다.'입니다.

로버트 맥도널드는 "용서란 과거에 그러지 말았어야 했다는 끈질긴 믿음을 내려놓는 것."이라고 말했습니다.[37]
트라우마의 치유에는 '용서'가 필요합니다.
하지만 용서란 어려운 말입니다.

"누누이 말하지만 용서하는 것은 절대 자연스러운 일이 아니다. 쉽게 용서하는 것은 진심에서 우러나오는 용서가 아닐 가능성이 대단히 크다." 라고 신학 교수이며 목사인 리타 바세트는 이야기하고 있습니다.[38]

용서는 복잡한 인간의 잘못과 악행에 의한 상처를 건드리는 껄끄러운 말입니다. 용서라는 말이 종교적 의무가 될 때는 도리어 부담이 될 수도 있습니다. '강 건너 불구경' 하는 사람들의 속 편한 소리처럼 다가와서 도리어 분노를 불러일으킬 수도 있습니다.

특히 폭력이 지속되거나, 상처를 주고받는 상황이 진행 중일 때, 나의 상처가 제대로 인정받지 못한다고 느낄 때 아직 '용서' 라는 단어는 이야기되어질 수 없습니다.

용서는 과거를 잊어버리는 것이 아닙니다.

『차마 울지 못하는 당신에게』라는 책에서는 용서에 대해 이렇게 말합니다.

> 용서는 우리를 괴롭힌 사람들과 화해해야 하는 것이 아니다. 그것은 복수하고 싶은 욕망이나 증오심, 원한, 반감과 같은 마음이 내포하고 있는 부정적인 기운을 내려놓는 것이다.

용서는 복수를, 보복을 멈추는 것입니다. 나도 모르게 무의식적으로 더 이상 '피해-가해자' 가 되기를 멈추는 것입니다. "분노는 불타는 횃불과 같다. 그 횃불을 잡고 있는 손을 태운다." 라고 석가모니는 말했습니다. 용서는 내 자신을 위해 불타는 화(火)를 내려놓는 것입니다.

하지만 용서하기 위해서는 먼저 자신의 화를 분명히 자각하고, 말로 표현하고, 다른 형태로 바꾸기 위한 노력을 할 때만 가능합니다.

노래 '렛 잇 고'에서 엘사는 이 과정을 노래합니다.

Don't let them in,	마음을 열지 마,
Don't let them see	보여 주지 마, 너를 감쳐 숨겨 둬야 돼.
Be the good girl you	항상 그래 왔던 것처럼
always have to be	착한 소녀가 되렴.
Conceal, don't feel,	감추고, 느끼지 마,
Don't let them know	누구도 알아채선 안 돼.
Well, now they know	그런데, 이젠 모두 알아 버린 걸

엘사는 참으며, 착한 소녀로 조용히 살라는 조언을 따르며 살았습니다. 자신의 감정을 꽁꽁 숨기고, 자신의 슬픔이나 분노도 쌓아 두기만 했습니다.

I don't care	나는 상관없어.
What they're going to say	사람들이 뭐라고 하든지
Let the storm rage on	폭풍아, 계속 휘몰아치렴.
The cold never	추위는 더 이상
bothered me anyway	나를 괴롭히지 못하니

엘사는 이제 혼자가 되는 것을 두려워하지 않게 됩니다. 다른 사람의 눈치를 보지 않고 자기 자신의 모습을 되찾으려고 합니다. 그러나 다른 사람을 공격하는 것은 아닙니다.

It's funny how some distance	참 재밌는 게, 거리를 두고 보면
Makes everything seem small	모든 것이 작아 보여.
And the fears that	한때 날 속박했던 두려움조차도
once controlled me	날 괴롭힐 수 없어.
Can't get to me at all	이제 내가 뭘 해야 할지
It's time to see what I can do	보여 줄 시간이야.
To test the limits and	한계를 시험하고
break through	뚫고 지나가겠어.
No right, No wrong,	옳은 것, 그른 것,
No rules for m	규칙이 중요한 게 아냐.
I'm free	난 자유야.

그것은 거리를 두고 전체를 바라보고, 두려움을 넘어 지금 여기에서 내가 할 수 있는 최선을 다하는 것입니다. 그때 우리는 트라우마로부터, 무력감으로부터, 열등감으로부터, 슬픔으로부터, 분노로부터 자유로워지는 것입니다.

Let it go, Let it go	내려놓아, 내려놓아.
I'm one with the wind and sky	난 하늘과 바람과 함께할 테니까
Let it go, Let it go	자유롭게 해 줘, 자유롭게 해 줘.
You'll never see me cry	다시는 우는 모습을 보이지 않을 거야.
Here I stand and here I'll stay	나 여기에 서서 여기에 머무를 거야.
Let the storm rage on	폭풍아, 계속 휘몰아치렴.
My power flurries	내 힘이 넘쳐흘러
through the air into the ground	하늘로 흩날려 가.

엘사는 자유 속에서 하늘과 바람과 함께합니다. 우리 마음속 깊은 곳에 있는 회복력과 만나 치유 받습니다. 지금 여기에 서서 자유로워집니다.

....

| I'm never going back | 난 절대로 돌아가지 않아. |
| The past is in the past | 과거는 과거일 뿐이야. |

엘사는 트라우마 회복의 가장 중요한 키워드인 '과거는 과거일 뿐이야.'를 외칩니다.

Let it go, Let it go	자유로워, 자유로워.
And I'll rise like	여명의 빛이 떠오르듯이
the break of dawn	나도 떠오를 거야.
Let it go, Let it go	놓아줄게, 놓아줄게.

That perfect girl is gone

Here I stand

in the light of day

......

예전의 완벽했던 소녀는 이제 없어.

태양이 떠오를 때

나는 여기 서 있을 거야.

......

저는 특히 '예전의 완벽했던 소녀는 이제 없어.' 라는 가사가 가슴에 와 닿습니다. 이 세상에 완벽한 것은 없습니다. 완벽한 것은 도리어 허구일 가능성이 높습니다. 완벽하지 못하더라도 모든 것은 있는 그대로 나름대로 아름다움과 가치를 가지게 됩니다. 완벽이 아니라 있는 그대로를 받아들이고 최선을 다하는 모습이 가장 평범하지만 위대하고 아름다운 모습입니다.

그때 우리는 자신의 삶의 주인공이 됩니다. 엘사 공주가 악역에서 주인공이 된 것처럼…….

우정은 영혼에 불어오는 신선한 바람이다.

발타자 그라시안

14 동물도 트라우마를 받는다
- 목소리를 되찾은 코코

저희 집에는 파충류, 조류, 포유류가 모여 삽니다. 청거북과 모란앵무, 고양이가 저희 가족과 함께 삽니다. (다음은 제 딸이 그린 그림입니다.)

8년 전 병원을 개업하던 해에 아이들에게 어린이날 선물로 사 주었던 엄지손가락 만한 청거북이 두두는 이제 제 손바닥 만한 현무신(玄武神)이 되었습니다. 그리고 4년 전 동대문 시장 조류원에서 모란앵무 한 마리를 아들의 성화로 사게 되었습니다. 아들은 그 모란앵무에게 '코코'라는 이름을 지어 주었습니다. 코코는 사람을 잘 따라서 손에도 올라오고, 아장아장 사람 뒤를 병아리처럼 따라다니기도 해 온 가족의 사랑을 독차지했습니다.

하지만 채 한 달도 지나기 전에 제가 창고에서 김칫독을 꺼내다가 실수로 떨어뜨렸는데, 제 뒤를 쫓아오던 코코가 그 김칫독에 맞아 부리가 깨어지고 발톱이 빠지는 중상을 입게 되었습니다. 동물병원에 입원을 시킨 지 4일 만에 다행히 목숨을 건지고 무사히 퇴원하였습니다. 코코가 입원해 있는 동안 저희 가족은 울면서 매일 면회를 갔고, 그 사고 이후에 도리어 코코와 저희 가족 간의 애착은 더 깊어졌습니다. 잃을 뻔 했다가 되찾으니 서로 더 애착을 느끼게 되더군요. (이 사건이 코코의 첫 번째 트라우마일 수도 있겠네요.) 그 후 코코가 외로워할 것 같아서 다른 모란앵무 한 마리를 더 구해 더불어 살게 해 주었습니다.

그러다가 작년 가을 제 딸이 다니는 여자고등학교에 사는 길고양이를 집에 데리고 와서 키우게 되었습니다. 사람들에게 잡혀 중성화수술을 받은 후 여자고등학교에서 살면서 여학생들의 사랑을 듬뿍 받은 수고양이였습니다. 학교 당국에서 고양이에게 먹이를 주지 말라는 지침이 떨어져서 저희 집으로 입양시켰습니다. 아이들은 그 고양이의 눈이 밤에는 크고 파랗게 보여서 '파랑'이라고 이름을 지어 주었습니다.

그러던 재작년 12월 주말, 저희 가족이 집을 비운 사이 그 고양이 파랑이가 새장의 손잡이를 열고 들어가서 코코 말고 다른 모란앵무를 물어 죽였습니다. 코코는 다행히 나무 집 안에 숨어서 목숨을 건졌습니다. 아이들과 부인은 정말 펑펑 울며 모란앵무를 뒷산에 묻어 주었습니다. 그 이후 코코는 소리 내어 울지 못하게 되었습니다. 동료의 죽음을 목격하고 자신도 죽을 뻔한 경험을 한 코코는 큰 소리로 아침을 깨우고, 새장에서 꺼내 달라던 예전의 모습과는 달리 목소리를 잃고 새장 밖으로도 잘 나오지 않으려고 했습니다.

저는 다시 동대문 시장에 가서 수컷 모란앵무를 한 마리 구해 왔습니다. (코코는 종이를 부리로 뜯어 몸을 치장하는 등의 행동으로 보아 분명히 암컷 모란앵무입니다.) 그리고 새로운 모란앵무에게는 조심스러워 이름도 붙이지 않고 코코와 함께하게 했습니다. (예전에 우리나라에서 영아 사망이 많아서 부모가 백일이 지날 때까지 아이의 이름을 붙이지 않는 풍습이 있었습니다.) 이전에는 모란앵무를 데려오면 사람과 친해지도록 시도했지만, 새로운 모란앵무에게는 전혀 사람의 손을 대지 않고 코코랑만 친해지게 했습니다. 드디어 코코와 그 모란앵무는 친해졌습니다. 물론 새들의 안전을 위해 새장에 번호 자물쇠를 채웠습니다. 그렇게 6개월이 흘렀습니다.

그리고 작년(2014년) 6월에 드디어 코코가 소리를 내어 울기 시작했습니다. 6개월간의 또래와의 관계를 통해 코코는 트라우마를 극복했나 봅니다. 그 무렵 안산 단원고에 자원봉사를 다니면서 트라우마에 대해 많은 경험과 공부를 하게 된 저에게 코코의 지저귐은 정말 감동이었습니다.

이와 같이 동물도 트라우마를 받을 수 있고, 동료와의 긍정적 관계를 통해 치유될 수 있다는 임상적 체험을 하였기에 사례 보고를 합니다.

미국 위스콘신대학의 심리학자 해리 할로우 박사
는 1958년에 보고한 원숭이 실험으로 유명합니다.
상자 안에 '먹이를 주는 철사 엄마'와 '먹이는 주지
않지만 촉감이 부드럽고 폭신한 헝겊 엄마'를 설치
하고는 상자 안에 아기 붉은털 원숭이를 풀어 놓았
습니다. 아기 원숭이는 철사 엄마에게서는 먹이만
먹고, 그 외의 대부분의 시간은 헝겊 엄마 곁을 떠
나지 않는 행동을 보였습니다. 이것은 음식보다 따뜻하고 부드러운 접촉이
애착 형성에 보다 중요함을 확인한 실험입니다. 후속 연구에서 접촉이 부
족했던 경우 성장호르몬이 적게 분비되고, 면역 기능도 떨어지며, 뇌가 덜
발달되었다는 결과도 나왔습니다. 할로우 박사는 이 실험으로 많은 동물보
호론자들에게 비난을 받으며 동물권리운동을 불러일으키기도 했지만, 우리
에게 애착에 대한 많은 것을 알게 해 주었습니다. 그는 엄마로부터 강제로
떼어져서 불안정한 애착을 가지게 된 원숭이를 사회성 좋은 또래 원숭이와
함께하게 함으로써 사회성을 증진시켰다는 연구를 보고하기도 했습니다.

꿈의 상징은 감추지 않는다. 그것은 우리에게 가르쳐 준다.

칼 구스타브 융

15 내 무덤 앞에서 울지 마세요

– 죽음, 이별 그리고 꿈

재난 현장에서 사랑하는 사람을 잃은 사람들을 만나면 '죽음과 이별' '외상성 애도(哀悼)' 라는 주제에 맞닥뜨리게 됩니다.

사랑하는 가족의 갑작스러운 죽음은 인간이 부딪히게 되는 가장 큰 벽이라고 할 수 있습니다. 그것은 가장 큰 트라우마라고 할 수 있습니다.

세월호 참사로 희생된 고등학교 2학년 남학생의 유가족을 상담하면서 다음의 꿈을 듣게 되었습니다. 이 꿈을 소개할 수 있게 허락해 주신 유가족에게 다시 한 번 감사드립니다.

이 가정에는 초등학교 고학년 남동생과 저학년 여동생이 있습니다. 이 아이들을 상담해 주길 바라는 부모님의 요청으로 가정방문을 하여 상담하였습니다. 5번째 가정방문에서 이 아이들과 놀이 치료를 하면서 고인에 대한 자유화를 그리게 하는 도중에 여동생이 고인(故人)이 된 오빠가 꿈에 나타난 것을 그림으로 그려서 꿈 이야기를 하게 되었습니다. 처음에는 검은색으로 계속 뭔가를 그려서 이것이 무엇일까 살짝 고민했는데, 검은 것은 자신의 뒷머리이고, 앞에 있는 사람이 고인이 된 오빠라고 했습니다.

꿈

내가 친구와 함께 학교에서 집으로 오는데 죽은 오빠가 학교에서 집까지 바래다주었다.
친구가 "저 사람이 너희 오빠니?"라고 해서 나는 "우리 오빠야."라고 대답을 했고, 오빠는 집 앞에서 작별인사를 하고 떠났다.

이 아이는 오빠의 영혼이 자신에게 작별인사를 하러 왔다고 생각했고, 꿈에서 오빠를 만나서 반가웠다고 말했습니다. 유물론적인 의학교육을 받은 저에게는 죽음 이후의 영혼에 대한 관념이 아직은 쉽게 받아들여지지는 않습니다. 하지만 그런 영혼이 없다고 단정할 근거도 없습니다. 이런 재난 현장에서 상담자도 이러한 종교적 질문 앞에 서게 됩니다. 머리가 아니라 온몸과 마음으로 마주하게 됩니다. 그 속에서 내담자와 함께 삶과 죽음에 대해 좀 더 겸손하게 질문하게 됩니다. 분석심리학에서는 꿈에 나오는 고인이 꿈꾼 사람의 무의식의 콤플렉스를 표현할 뿐 아니라 때로는 정말 죽은 사람의 혼이 다녀간 것으로 해석해야 할 경우가 있다고 봅니다. 이 꿈도 그런 꿈이라고 여겨집니다.

어쨌든 이 꿈은 어린 동생에게 오빠의 죽음을 받아들이게 하는 목적을

성취하고 있습니다. 애도의 첫 단계는 우선 그 죽음을 받아들이는 것입니다. 그 후에 비로소 진정한 애도의 과정이 시작된다고 할 수 있습니다. 그렇지만 꿈은 죽음이 완전한 끝도 아니라고 이야기해 주고 있습니다.

저는 이 꿈을 접하고 '천 개의 바람이 되어' '내 영혼 바람 되어' 라는 노래로 이번 세월호 참사에서도 많은 사람들에게 알려진 〈내 무덤 앞에서 울지 마세요. (Do Not Stand at My Grave and Weep)〉 라는 시(詩)가 떠올랐습니다.

Do not stand at my grave and weep	내 무덤 앞에서 울지 마세요.
Do not stand	내 무덤 앞에서
at my grave and weep	울지 마세요.
I am not there,	나는 거기 없어요,
I do not sleep.	나는 거기 잠들어 있지 않아요.
I am a thousand winds that blow.	난 불어오는 천의 바람이고,
I am the diamond glints on snow.	눈 위에서 빛나는
I am the sunlight	다이아몬드 빛이며,
on the ripened grain.	익은 곡식 위로
I am the gentle autumn's rain.	쏟아지는 햇살이고,
When you awake	잔잔하게 내리는
in the morning's bush,	가을비예요.
I am the swift uplifting rush	당신이 숲에서 아침에 깼을 때
Of quiet birds in circled flight.	나는 하늘 높이 날아올라

I am the soft star that	소리 없이 맴도는 새들이고
shines at night.	밤을 비추는 부드러운 별이에요.
Do not stand at my grave and cry.	내 무덤 앞에서 울지 마세요.
I am not there; I did not die.	난 거기 없어요, 난 죽지 않았어요.

그 날 부모님과의 상담에서 꿈에 대한 이야기를 나누게 되었는데, 어머니께서 남동생도 고인이 나타난 꿈을 이야기한 적이 있다고 말하면서 다음의 꿈을 전해 주셨습니다.

꿈 1.

○○형이 공원에서 너는 밥을 잘 먹고, 여동생은 살이 좀 더 찌고, 엄마와 아빠는 건강을 챙기라고 말해 주었다.

꿈 2.

학교에 갔다 왔는데 여느 때처럼 형아가 있어서 반가운 마음에 "형아, 형아!" 라고 부르며 안았는데 "너 왜 그래. 괜찮아!" 라고 말하며 평소와 똑같이 행동을 했다.

꿈 속에서 고인은 가족에게 직접적으로 위로와 조언을 해 주고, 앞으로 계속해서 살아갈 방향을 제시하고 있습니다. 이러한 재난 상황에서 무의식이, 꿈이 보다 직설적으로 말하고 직접적으로 개입한다는 느낌을 저는 받았습니다. 고인은 동생들의 심리적 현실 속에서 살아남아 조언하고 격려해 주고 있습니다. 그것이 건강한 애도의 마지막 단계일 것입니다. 꿈에서는 미리 이 단계에 도달해 있습니다.

워튼(1996), 울펠트(1991)가 정의한 '정상적인 애도반응'은 다음과 같습니다.

1. 사랑하던 사람을 상실한 것과 관련하여 심한 고통을 경험한다.

2. 이 상실이 영원하다는 것을 받아들인다.

3. 그 사람의 장점과 단점을 함께, 전체로서의 고인을 기억한다.

4. 상호작용으로서의 관계에서 추억으로서의 관계로 전환한다.

5. 고인의 중요한 면을 아동 자신의 정체성으로 받아들인다.

6. 새로운 관계에 헌신한다.

7. 건강한 발달 경로를 다시 회복한다.

초등학교 고학년인 큰 동생은 그 후 제가 가정방문을 갔을 때 감사의 선물로 피아노를 연주해 주었습니다. 제가 전혀 생각하지 못한 깜짝 선물이었습니다. 저의 자원봉사를 선물로 생각하고, 피아노 연주라는 선물로 되갚아 주는 그 아이의 마음에 저는 너무나 감동받았습니다. 그 아이가 연습하여 들려준 곡은 고인이 된 형이 예전에 즐겨 연주하였던, 영화 〈기쿠지로의 여름〉 OST인 히사이시 조의 '서머(summer)'였습니다. 맑고, 밝고, 따뜻한 느낌의 음악이었습니다. 세월호 참사와 관련된 온갖 슬픔과 실망,

분노, 갈등을 씻어 주는 느낌이었습니다. 그 연주를 듣고 있는 동안 저는 고인과 동생 그리고 제가 시공을 떠나 함께 있으며 서로를 격려하는 듯한 느낌을 받았습니다.

가족의 죽음의 원인이 자연재해가 아니고 인재(人災)인 경우에 더욱 분노가 일어나는 것은 너무나 당연합니다. 하지만 그 속에 빠져 있을 수만은 없습니다. 죽은 이들의 영혼이 있다면 그들도 살아남은 사랑하는 이들이 행복하기를 간절히 바랄 테니까요.

물론 이것이 말처럼 쉽지만은 않습니다. 그렇지만 결국 분노는 자신과 세상을 바꾸는 힘으로 전환되어야 합니다.

그러기 위해서는 정의(正義)가 필요합니다.

물론 세상은 완벽하지 않습니다. 그렇게 공평하거나 정의롭지도 않습니다. 그렇지만 우리에게는 '새로운' 정의가 필요합니다. 우리에게는 단순한 사법적 혹은 징벌적 정의(criminal justice)를 넘어서는 회복적 정의(restorative justice)가 필요합니다.[39] 분노는 사건의 사실을 직시하고, 잊지 않고, 재발을 막기 위해 사회적 시스템을 하나씩 고쳐 가고 점검해 가는 힘으로 전환되어야 합니다. 과거와 다른 현재와 미래를 위해서……

그것을 위해서는 의식개혁[40]이 필요합니다. 의식개혁을 위해서는 재난에 대한 경각심뿐만 아니라 자신의 일이 생명을 다룬다는 책임의식, 불의에 대해 저항할 수 있는 용기에 대한 교육을 필요로 합니다.

방관과 무관심은 피해자와 그 가족에게 다시 상처를 줄 뿐만 아니라 또 다른 참사로 앞으로 우리 자신이 피해자가 될 수도 있다는 사회에 대한 불신과 가족과 자신밖에 믿을 수 없다는 배타심을 만들어 낼 뿐입니다.

4월 16일은 '세월호 참사의 날'이 아니라 '대한민국 안전의 날'로 재정되어 모두를 위한 날로 기억되어야 합니다.

사연 소개를 허락해 주시면서 세월호 유가족 어머님께서 주신 글

슬픔을 당한 저희 가족을 생각해 주시고, 위로해 주시고, 좋은 책을 써 주셔서, 그리고 그 책의 한 부분에 자리할 수 있어 감사드립니다. 부디 이 책이 슬픔을 당한 가족들에게 위로가 되길 기도하겠습니다. 선생님께서도 건강하시길 기도드리겠습니다.

인생에서 최고의 행복은 우리가 사랑받고 있음을 확신하는 것이다.

빅토르 위고

16 레 미제라블 – 버림받음, 사랑 그리고 신(神)

1862년에 쓰여진 프랑스의 대문호 빅토르 위고의 소설 『레 미제라블(les miserables)』은 뮤지컬로 만들어져 세계 4대 뮤지컬 중에 하나가 되었습니다. 2012년에는 뮤지컬 영화로 만들어져 우리나라에서도 크게 흥행했습니다.

레 미제라블은 불어로 '불행한 사람들'이라는 뜻입니다.

장발장은 조카를 위해 빵 한 조각을 훔친 죄로 가혹한 19년간의 감옥살이를 하게 됩니다. 그 후에도 전과자라는 낙인에 세상으로부터 배척과 멸시를 받습니다. 부조리한 사회 체제로부터 트라우마를 받았다고 할 수 있습니다.

영화 〈레 미제라블〉의 시작 부분에 나오는 죄수와 간수의 합창 'look down(눈 깔아)'에는 좌절감을 주는 멸시의 말이 담겨져 있습니다. 희망을 가지고 위를 쳐다보지 못하게 합니다.

look down

*# look down, look down
#Don't look 'em in the eye
*# look down, look down
*You're here until you die
#The sun is strong
#It's hot as hell below

......

#I've done no wrong
#Sweet Jesus,
here my prayer
*# look down, look down
*Sweet Jesus, doesn't care

눈 깔아

눈 깔아, 눈 깔아.
그들의 눈을 똑바로 쳐다보지 마.
눈 깔아, 올려 보지 마.
너는 죽을 때까지 여기 있어야 해.
햇볕이 뜨거워.
마치 지옥처럼 뜨겁지.

......

나는 잘못한 게 없어요.
다정하신 주님,
제 기도를 들어 주세요.
올려 보지 마, 올려 보지 마.
다정한 주님은 신경 쓰지도 않아.
(#죄수들의 노래, * 간수들의 노래)

하지만 장발장은 감옥에서 죽지 않고 버텨 냅니다. 그를 버티게 한 것은 희망이 아닌 분노일 수도 있지만…….

장발장은 미리엘 주교의 은식기를 훔치다가 경찰에 붙잡힙니다. 하지만 미리엘 주교는 은촛대까지 건네주며 관용을 베풉니다. 그리고 "이제 나는 그대의 영혼을 샀고, 하나님께 바칩니다."라고 말합니다.

앞에서 말한 '사랑의 석고붕대'를 기억하시나요?
트라우마를 입은 피해자의 마음의 고통을 진심으로 이해하려고 노력하고, 얼핏 보기에 이해할 수 없는 생각과 감정에 사로잡혀 부적응적인 행동을 하는 것조차 감싸 주고 품어 주는 '사랑의 석고붕대'가 필요합니다. 미리엘 주교는 장발장에게 사랑의 석고붕대였습니다. 장발장은 비로소 분노에서 벗어나 사랑에 눈 뜨게 됩니다. 한 인간의 선의를 통해 세계의 질서에 대한 믿음을 회복합니다.

팡틴도 사랑하는 남자로부터 버림받고 미혼모로서 아이의 양육비를 벌기 위해 공장에서 일하게 됩니다. 그러나 공장 동료들의 모함과 직장 상사의 성추행에 대항하다가 공장에서 쫓겨나게 됩니다. 그녀는 아이의 양육비를 위해 이빨도 뽑고 머리카락도 잘라 팔다가 결국 창녀가 됩니다. 그녀는 인간의 시기와 탐욕에 희생당합니다.

팡틴의 아리아 'I dreamed a dream' 은 그녀의 절망감을 노래합니다.

I dreamed a dream	나는 꿈을 꾸었죠.
....	....
I dreamed a dream	이제는 가 버린 옛날,
in time gone by	난 꿈을 꾸었지.
When hope was high	희망이 가득했고
And life worth living	삶은 살 만한 가치가 있었죠.
I dreamed that	사랑이 결코 죽지 않는
love would never die	꿈을 꾸었지.
I dreamed that	신이 용서를 베푸는
God would be forgiving	꿈을 꾸었지.
Then I was young	그땐 젊었고
and unafraid	두려운 것이 없었지.
......	......
But the tigers come at night	그러나 한 밤에 찾아온 시련은
With their voices soft	천둥처럼
as thunder	부드러운 목소리로
As they tear	희망을
your hope apart	갈갈이 찢어 버리고
As they turn your dream	꿈을
to shame	수치심으로 바꿔 버렸지.
......	......
But there are dreams	그러나 이루어지지 않는
that cannot be	꿈은 있기 마련이죠.

And there are storms	우리가 헤쳐 나가지 못할
we cannot weather!	폭풍이 있는 것처럼
I had a dream	나는 꿈을 꿉니다.
my life would be	내 삶이 내가 살고 있는
So different from this hell	이 지옥과 전혀 다르다고
I'm living	내가 예상했던 것과
So different now,	전혀 다르다고
from what it seemed	하지만 지금,
Now life has killed the	삶은 내가 꾼 꿈을
dream I dreamed	죽여 버렸죠.

삶이 꿈을 죽여 버린 상황, 그 절망감 속에서도 팡틴은 딸을 위해 자신이 할 수 있는 최선을 다합니다. 그것이 인간 정신이 가진 최고의 아름다움, 바로 사랑이겠죠. 최선을 다해 버티는 것, 그것은 희망의 또 다른 이름입니다. 그러했기에 팡틴은 장발장을 만날 수 있었을지도 모릅니다. 팡틴은 장발장으로부터 딸 코제트를 잘 돌봐 주겠다는 약속을 받고 죽음을 맞이합니다.

코제트는 팡틴의 딸로, 어렸을 때 여관을 운영하는 테나르디에 부부에게 맡겨졌습니다. 테나르디에 부부는 양육비를 받으면서도 코제트를 전혀 돌보지 않고 도리어 여관의 하인으로 만들어 구박합니다. 그리고 그들의 딸 에포닌과 차별합니다.

코제트는 '아동 학대의 전형'이라고 할 수 있습니다. 방임과 학대를 동시에 받으며 어린 나이에 스스로의 감정을 꼭 누르고 어른스럽게 살기를 강요받습니다. 그렇게 하지 않으면 '버림받을지도 모른다는 공포'를 실감하기 때문입니다. 아이들에게 이러한 '버림받을지도 모른다는 공포' '양육자(보통은 부모)가 떠나 버릴지도 모른다는 공포', 즉 유기(遺棄) 불안은 죽음에 버금가는 공포입니다. 이렇게 '애어른'처럼 자라나는 과정에서는 사랑을 주고받을 수 있는 대상, 애착의 대상을 가지지 못하기에 '부재(不在) 트라우마(trauma of omission)'를 받게 됩니다.

이런 마음은 '한 부모'가 떠나는 경험을 한 이혼 가정의 아이들에게서 일어날 수도 있습니다. 특히 부모님의 이혼에 대해 초등학교 이전 나이의 아이들이 이러한 '유기 불안'을 더 많이 느낀다고 알려져 있습니다. 초등학교 무렵의 아이들은 '내가 뭔가 잘못해서 이런 일이 일어났다.'고 느끼기도 합니다. 자신을 모든 사건의 시발점으로 삼는 것은 초기 아동기의 일반적인 사고방식입니다.

아이들은 떠날지도 모르는 양육자로부터 기본적인 신뢰와 안전감을 발전시키기 위해 포기, 희생, 자기억제를 통해서만 인정받을 수 있다고 여기고, '착한 아이 콤플렉스'에 빠집니다. 그러나 마음속 깊은 곳에서는 아무도 자신을 보호해 주거나 사랑하지 않고, 그런 자신은 사랑스럽지 않다고 생각합니다. 그들의 마음속 가운데에 '텅 빈' 구멍이 생기게 됩니다.

하지만 코제트는 스스로 환상 속에서 사랑의 대상을 만들어 냅니다. 이것은 테나르디에 부부에게 맡겨지기 전, 어린 시절에 엄마 팡틴에게 받은 사랑이 있었기에 가능했을 것입니다. 상상 속에서라도 만날 수 있는 엄마의 어렴풋한 흔적은 코제트의 부재 트라우마를 극복할 수 있는 '회복력'입니다. 트라우마의 치료약은 사랑입니다. 그러고는 엄마 팡틴이 보내 준 장발장을 만납니다.

이것은 어린 코제트의 아리아 '구름 위의 성(a castle on a cloud)'에서 잘 드러납니다.

a castle on a cloud	구름 위의 성
There is a castle on a cloud.	구름 위엔 성이 있다네.
I like to go there in my sleep.	꿈속에서 그 곳에 가고 싶어.
Aren't any floors for me	그 곳엔 닦아야 할 바닥도
to sweep.	존재하지 않을 거야.
Not in my castle on a cloud.	구름 위의 내 성에는
There is a lady all in white	하얗게 차려 입은 여인이
Holds me and sings a lullaby.	날 꼬안고 자장가를 불러 줘.
She's nice to see	그녀는 아름답고
and she's soft to touch.	아주 부드러워.
She says	그녀는 말해,
"Cosette, I love you very much."	"코제트, 널 아주 많이 사랑한단다."
I know a place where	아무도
no one's lost	길을 잃지 않고,
I know a place where	아무도 울지 않는 곳을
no one cries.	알고 있어.
......	......

영화 〈레 미제라블〉의 마지막 장면에서 죽음을 맞이하는 장발장이 팡틴의 인도를 받고는, 코제트 부부를 바라보면서 '다른 사람을 사랑하는 건 신의 얼굴을 대면하는 것과 같다(To love another person is to see the face of God.).' 라고 노래합니다. 신의 얼굴을 대면하는 것, 트라우마의 궁극적인 치유와 회복은 다른 사람을 사랑하는 것입니다.

그 사랑 속에서 '레 미제라블' '불행한 사람들'은 서로의 상처를 보듬고 살아가게 됩니다. 그리고 더 이상 단지 '피해자' 가 아니라 서로에게 '소중한 사람'이 됩니다.

세상의 모든 것은 미묘한 균형을 이루며 공존하고 있다.

영화 〈라이온 킹〉 중에서

17 라이온 킹 – 트라우마 회복의 3단계

디즈니 만화영화 〈라이온 킹〉을 기억하시나요? 여러분은 몇 살 때 처음으로 라이온 킹을 보았나요? 라이온 킹은 1994년에 만들어졌습니다.

아프리카의 평화로운 왕국 프라이드 랜드에서 이곳을 다스리는 사자 무파사의 아들로 주인공 심바가 태어납니다. 왕의 동생 스카의 음모에 휘말려 심바는 아버지가 자신을 구하다가 눈앞에서 죽는 장면을 목격하게 됩니다. 심바는 두려움과 죄책감에 사로잡혀 왕국을 떠나 사막 너머로 도망가게 됩니다.

이 이야기는 트라우마를 겪은 모든 사람을 위한 우화 같습니다.

트라우마를 겪은 사람들은 공포와 무력감에 빠져서 자신감을 잃고, 일상
생활(프라이드 랜드)을 떠나 자책이나 죄책감에 빠져 우울(사막)하게 됩니다.

심바는 사막 너머 새로운 땅에서 멧돼지 품바와 미어캣 더몬을 만나 도
움을 받습니다. 그들에게서 '하쿠나 마타타! (근심 걱정 모두 떨쳐 버려!)'라
는 낙천적 인생관을 배우며, 서로 친구가 됩니다.

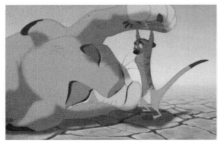

하버드 대학 정신의학과 교수인 쥬디스 허먼 박사[41]는 트라우마 회복의 3단계를 다음과 같이 설명했습니다.

1단계: 생존자는 안전을 확립한다. ─생존자의 역량 강화

2단계: 기억하고 애도한다. ─외상 이야기의 재구성

3단계: 일상과 다시 연결되어 간다. ─생존자와 공동체 사이의 연결 복구

쥬디스 허먼 박사는 1단계가 수일에서 수주, 만성적인 학대에 의해 트라우마를 받은 사람들은 수개월에서 수년이 걸릴 수 있기 때문에 우선 충분히 안전해지기 전에는 섣불리 다른 치료 작업을 시도하지 말라고 권고합니다.

심바가 티몬, 품바와 함께 안전한 새로운 땅에서 '하쿠나 마타타!'를 외치며 지내는 것은 트라우마 회복의 1단계에 해당됩니다.

안전을 확립하는 일은 수면, 식사, 운동 등을 하면서 신체를 조절하고, 외상후 증상을 다루고, 자기 파괴적 행동을 멈추는 것입니다. 이것이 앞에서 배운 멘붕(트라우마) 회복스킬입니다.

과거의 기억을 잊기 위해 강박적으로 혼자서 전자게임에 몰두하는 것이 아니라 친구들과 함께 마음을 안정시킬 수 있는 즐거운 활동을 함께하는 것이 우선 필요합니다. 그러면서 자신의 몸과 마음을 조절할 수 있다는 자신감을 조금씩 회복해 가는 것이 필요하지요. 긴장을 풀기 위해서 담배나 술을 마시는 것도 좋지 않습니다. 청소년뿐만 아니라 어른에게도 마찬가지죠.

그리고 안전한 환경을 만들기 위해 믿을 수 있는 어른–부모, 교사, 상담가, 의사 등–과 의사소통을 하는 것도 필요합니다. 가까운 친구들의 도움도 헤아릴 수 없이 크지요. 티몬과 품바처럼.

어른이 된 심바는 황폐해진 프라이드 랜드의 소식을 옛 친구 날라에게 듣고, 되돌아갈지 갈등에 빠집니다. "전부 나 때문이야. 내 잘못이었어. 내 잘못……." 심바는 자책을 합니다. 그때 지혜로운 개코원숭이 라피키가 나타나 심바를 물가로 이끌고 가더니 물 속에 비친 자신의 모습을 보게 하면서 무파사의 영혼을 만나게 해 줍니다.

하늘의 구름으로 나타난 무파사의 영혼은 어른이 된 심바에게 이렇게 말합니다.

"심바, 넌 날 잊었구나.
기억해. 네가 누구인지(Remember who you are)
너는 나의 아들이고 하나뿐인 진정한 왕이다."

이제 심바는 다시 프라이드 랜드로 되돌아갑니다.

트라우마 회복의 2단계는 기억하고 애도하는 것입니다.

과거의 공포를 직면할지 말지를 결정하는 사람은 여러분 자신이어야 합니다. 상담가는 지혜로운 라피키처럼 그 옆에서 증인이 되어 주지요. 기억한다는 것은 그것을 이야기로 재구성하는 것입니다. 그러기 위해서는 여러분과 상담가 모두가 큰 용기를 내어야 합니다. 그 전에 서로 간의 신뢰를 쌓아야 합니다. 이때도 안전감을 잃지 않도록 점차적으로 진행해야 합니다. 그것은 앞에서 배운 단계적 노출법과 같습니다.

그리고 슬퍼해야 합니다. 그런 일이 생긴 것에 대해서, 그리고 잃어버린 것들에 대해서……

분노나 복수심도 이런 상실감에 나타날 수 있습니다. 하지만 그것은 삶을 살아가기 위한 힘으로 변환되어야 합니다.

감정이 없는 회상은 별 의미가 없습니다. 괴롭더라도 그때의 공포와 슬픔, 분노를 함께 나눌 때 치유가 일어납니다.

"슬픔은 나누면 반이 되고, 기쁨은 나누면 배가 됩니다."

프라이드 랜드로 돌아간 심바는 아버지를 죽인 스카와 하이에나와 대결하고는 진실을 말하게 합니다. 하이에나마저 배신한 스카는 분노한 하이에나의 공격을 당해 죽게 됩니다. 이로써 프라이드 랜드는 활력이 넘치는 녹색의 땅으로 돌아오고, 심바와 날라는 새로운 왕과 여왕이 됩니다. 마지막으로 라피키가 또 다른 삶의 순환인 새로운 왕의 후계자를 보여 주면서 영화는 끝맺게 됩니다.

트라우마 회복의 마지막 3단
계는 일상생활과 공동체가 다시
연결되는 것입니다.

실제 삶에서 힘을 회복하기
위해서는 트라우마와 싸우는 방
법부터 배워야 합니다. 그것이 앞에서 배운 9가지 회복스킬입니다. 나의
몸과 마음을 트라우마로부터 지켜 내는 과정에서 내 자신의 삶을 살아갈
힘을 회복하게 됩니다.

무력감과 고립은 트라우마의 핵심적인 경험입니다. 힘과 자신감을 회
복하고, 다른 사람과 다시 연결되는 것은 회복의 핵심적인 경험입니다.

그렇게 함으로써 내가
누구인지 잊지 않게 됩니
다. (Remember who you
are) 그리고 이제 내가 되
고 싶은 사람이 되기 위해
노력하려는 희망을 품게
됩니다. 비로소 나에게 주
어진 자유를 자각하고 앞으로 나아가게 됩니다. 그리고 다른 사람들을 다
시 만나고 믿을 수 있게 됩니다. 의미 있는 사회적 활동에 참여할 수도 있
습니다. 그럼으로써 존재감, 자신의 가치를 지켜 내는 더욱 성숙한 인격이
될 수도 있습니다. 이것이 앞에서 말한 '외상후 성장' 입니다.

기억은 기록이 아닌 해석이다.
그래서 기억은 사실보다 진실되지 못하다.

영화 〈메멘토〉 중에서

18 메멘토 – 기억에 대한 통제력

제가 치료했던 한 환자는 어떤 사람에게 스토킹을 당한 후 "그 기억을 지우고 싶어요."라며 찾아왔습니다. 앞에서 소개한 EMDR이라는 방법으로 몇 차례 상담 후 그 환자는 "그 기억이 지워진 것은 아니지만 희미하게 느껴진다. 예전에는 그 기억을 떠올릴 때 불편한 마음이 감정 온도계로 7이었다면 지금은 1점 정도다. 예전에는 그 기억을 떠올리면 뜨거운 쇠를 만지는 느낌이었다면 지금은 식어 버린 쇠를 만지는 느낌이다."라고 말했습니다.

기억에 대한 통제력은 감정적으로 압도당하지 않으면서 과거를 기억할 수 있게 되는 것입니다. 이것은 기억을 잊어 버리려고 애쓰는 것이 아닙니다. 그 기억이 외부의 현실이 아니라 나의 정신의 일부이며, 그것이 나의 노력에 의해 달라질 수 있다는 것을 배우는 것입니다. 초현실주의 작가 살바도르 달리의 그림 '기억의 지속'처

럼 기억은 시간이 지나면서 달라지기도, 옅어지기도 합니다.

실제 9.11 테러 이후 수백 명의 사람들에게 그 날의 기억에 대해 일정한 간격으로 계속 면담한 연구에서, 1년 후 37%의 사람들에게서 빌딩이 무너질 때 본인이 어디에 서 있었는지 등에 대한 세밀한 기억이 달라졌고, 3년 후에는 50%의 사람들에게서 기억이 달라졌습니다. 그리고 3분의 1의 사람들에게서 유도질문을 통해 쉽게 기억이 조작되었습니다. 하나의 암시가 나중에는 쉽게 사실로 기억되었습니다.

〈다크나이트 시리즈〉〈인터스텔라〉의 감독으로 유명한 크리스토퍼 놀란 영화 감독의 초기 작품인 〈메멘토〉에서 주인공 레너드는 부인이 강간당하고 살해된 날에 받은 충격과 뇌손상으로 인해 10분 이상 기억을 유지할 수 없는 단기 기억상실증 환자가 됩니다. 그는 모든 상황을 메모하고 자신의 몸에 문신으로 새기면서 사건을 해결해 가지만 그 기억 자체가 변조되고, 누구를 믿어야 할지 알 수 없는 상황에 놓이게 됩니다. 우리는 기억에 의존하고, 기억 속에서 자신의 정체성을 확인하고, 자신의 삶에 의미를 부여하게 됩니다. 그렇지만 그 기억이 쉽게 조각나고 왜곡된다는 것도 알아야 합니다.

기억에 대한 통제력을 가지게 된다는 것은 재경험 증상으로 다가오는 생생한 기억들이 좀 더 오래됨으로써 색 바랜 기억으로 바뀌고, 긍정적 기억들과 연결되면서 끔찍했던 사건의 피해자로서가 아니라 그 사건이 지나갔다는 사실을 알고, 그 기억에 압도당하지 않고 그 기억에 대해 새로운 해석으로 다른 의미를 부여할 수 있게 되는 것입니다.

앞서 교통사고로 인한 전신화상의 고통을 이겨 낸 이지선 씨의 이야기를 예로 들었습니다.

이렇게 대단한 경우가 아니라도 대학 입시에 떨어지고 나서 크게 낙망했지만 재수를 하면서 정신적으로 성숙해지고 더 좋은 대학에 입학하게 됨으로써 처음에 대학에 떨어진 사실이 끔찍한 기억이 아니라 도리어 자신의 인생에 득이 된 일로서 전혀 다른 느낌으로 기억할 수 있게 되는 것도 하나의 예가 될 수 있습니다.

영화의 도입부에 높은 곳에서 마치 새가 활공하면서 내려다보는 듯한 장면(bird eye view)을 보여 주기도 하는데, 이처럼 사건 전후의 나의 마음의 흐름과 삶 전체를 조망할 수 있게 되는 것이 기억에 대한 통제력을 가지는 것의 궁극적인 목표입니다.

이를 위해 다음 장에서 '나의 이야기 쓰기'를 시도해 봅시다.

한 사람이 암울한 가능성에서 나와 그 자체로 어려움을 넘어서
자라나게 되는 것이야말로 나에게 매우 가치 있는 경험이 되었다.

칼 구스타브 융

19 나의 이야기 쓰기 – 실전(實戰)

자, 이제 실전입니다.

내가 겪은 사건에 대해 시간 순서대로 재구성해 보고, 나의 마음속 가장
깊은 곳의 생각과 감정(innermost thoughts & deepest feelings)을 적어 보세요.

'나의 이야기 쓰기'는 멘붕 탈출 회복스킬이 익숙해지고, 심리적으로
안정이 된 후에 시행하는 것이 좋습니다. 이런 이유로 책의 제일 마지막
부분에 배치하였습니다. 사건을 회상하는 '나의 이야기 쓰기'를 너무 힘
들면 나중에 해도 됩니다.

다른 사람들에게 보여 줄 필요는 없습니다. 누군가에게 보여 준다고 생
각하면 벌써 자기검열이 시작되기 때문에 아무에게도 보여 주지 않는 비
밀일기를 쓰는 기분으로 써 보세요. 하지만 다 쓴 후에 여러분이 원한다면
다른 사람들에게 보여 줄 수도 있습니다.

트라우마와 관련된 기억들은 주로 우뇌에서 저장, 처리되고, 트라우마에 빠져 있을 때는 언어를 담당하는 좌뇌가 잘 작동하지 못하기 때문에 글쓰기가 어려울 수도 있습니다. 따라서 이런 경우에는 그림을 그려 설명하면서 정리해 보는 것도 좋은 방법입니다.

마치 신문기사를 쓰듯이 육하원칙(언제, 어디서, 누가, 무엇을, 어떻게, 왜)에 맞추어서 시간에 흐름에 따라 쓰면 됩니다. (처음에는 3인칭 관찰자 시점에서 나중에 1인칭 주인공 시점으로)

사건이 일어나기 전에 어떤 상황이었나요?

뭔가 잘못되고 있다는 것을 어떻게 처음 알게 되었나요?

그 다음에 무슨 일이 일어났나요?

나는 무엇을 했나요?

어떻게 마음의 상처를 입었나요?

사건이 끝났다는 것을 어떻게 알게 되었나요?

그 후에 나는 무엇을 했나요?

그 후에 다른 사람들은 무엇을 했나요?

가장 끔찍했던 순간은 언제였나요?

내 안의, 내 안의, 내 안의 나!

1) 내가 최근에 겪은 멘붕(트라우마)은?

2) 내가 겪은 최악의 멘붕(트라우마)은?

나의 이야기는 언제 시작하는가?

나의 이야기는 언제 끝나는가?

이야기에 포함시키고 싶은 것들을 적어 보세요.

● 일어났던 중요한 일:

● 내가 느꼈던 감정:

● 내가 했던 생각:

● 몸에서 느꼈던 감각이나 느낌:

나에게 일어났던 일에서 내가 말하고자 하는 가장 중요한 요점은 무엇인가?

나에게 일어났던 일에 관해 다른 사람들이 꼭 이해했으면 하는 것은 무엇인가?

이제 나의 이야기에 포함시키고 싶은 내용을 신문기사처럼 빠짐없이 적어 보세요.

● 거기에 누가 있었는가?

● 무슨 일이 있었나?

● 언제 발생했나?

● 어디서 발생했나?

● 왜 발생했나?

● 어떻게 발생했나?

그 사건을 설명하는 그림을 그려 넣어도 좋습니다.

이 형식은 미국에서 개발된 SSET프로그램에 나오는 것입니다.[42]

3) 그 후에 내 마음은 어떻게 달라졌나요? (그림으로 그려 보세요.)

4) 멘붕 탈출 9가지 회복스킬을 사용한 후 내 마음이 어떻게 달라졌나요?

변화는 실로 한 개인에서 시작되어야 한다.
그렇게 시작하는 사람이 우리들 중 어느 한 사람이라도 좋은 것이다.

칼 구스타브 융

20 가리워진 길 – 통과의례와 소명(김命)

제가 20대 시절에 가장 즐겨 부르던 노래는 유재하의 '가리워진 길' 입니다. 유재하는 단 1장의 앨범만 내고 1987년에 교통사고로 26세라는 젊은 나이에 세상을 떠난 가수입니다. 하지만 세월이 흘러도 그를 그리는 사람들에 의해 '유재하 음악경연대회'가 생겨나고, 음반수익과 성금으로 '유재하 음악장학회'가 설립되었습니다.

가리워진 길

보일 듯 말 듯 가물거리는
안개 속에 쌓인 길
잡힐 듯 말 듯 멀어져 가는
무지개와 같은 길
그 어디에서 날 기다리는지
둘러보아도 찾을 수 없네.

......

이리로 가나 저리로 갈까
아득하기만 한데
이끌려 가듯 떠나는
이는 제 갈 길을 찾았나
손을 흔들며 떠나 보낸 뒤
외로움만이 나를 감쌀 때

그대여 힘이 돼 주오.
나에게 주어진 길 찾을 수 있도록
그대여 길을 터 주오. 가리워진 나의 길

　청소년기에 트라우마로부터 회복되는 과정은 '통과의례'와 같다고 말
할 수도 있습니다.
　아프리카의 원시 부족들은 청소년기가 되면 마을을 떠나 정글 속 비밀장
소에서 성인이 되기 위한 테스트, 즉 성인식(成人式, initiation)을 치르게 됩니
다. 부족의 청소년들은 익숙한 일상의 마을을 떠나 알 수 없는 정글 속의
길을 헤매기도 하고, 그 속에서 '가리워진 길'을 찾아내며 도전하게 됩니
다. 우리가 흔히 아는 번지점프도 이러한 통과의례의 하나로 이용된 것입
니다. 할례와 같은 '상징적인 죽음'을 의미하는 의례와 다시 살아나는 '재
생(再生, rebirth)'의 의식을 거칩니다. 이 과정을 통해서 두려움을 극복하고,
희생으로서 인내와 용기를 증명하여 자신감을 얻고, 부족의 성인(成人)으
로 인정받게 됩니다.

예전 도덕 교과서에서는 청소년기를 '질풍노도'의 시기요, '자아정체성'을 정립하는 시기라고 정의했습니다. 청소년기는 세상과 자신에 대해 나름대로 인식해 가는 시기이기도 하며, 감정의 강도가 매우 강렬한 시기이기도 합니다.[43]

청소년기에는 성호르몬의 분비가 증가되면서 이차 성징이 일어나기도 하고, 신체 성장이 급격하게 일어납니다.

청소년기는 부모로부터 분리, 독립해 또래 집단과 더 친밀해지는 시기이기도 하지만, 독립과 의존의 이율배반이 더 심해지기도 합니다. 청소년기는 흑백의 이분법적 사고가 특징적이며 이상과 현실의 간극을 경험하게도 됩니다.

청소년기에는 보통 친구, 이성에 대한 관심, 스포츠, 게임 등에서 즉각적인 만족과 즐거움을 찾게 되지만 마음 안팎의 혼란을 처리하는 데 도움을줄 만한 인생의 어떤 의미를 진지하게 추구하기도 합니다. 트라우마를 겪은 청소년에서는 이런 의미 추구 과정이 심화됩니다. 자신을 다른 아이들과 다르다고 느끼고, 세상과 자신의 불완전성 속에서 고독감을 느끼기도 합니다. 하지만 이러한 고독감을 병적인 것이라고 할 수는 없습니다. 이러한 고독은 하나의 부름, 소명(calling)이 되어 그 사람을 이끌기도 합니다.[44]

유재하의 '가리워진 길'은 이러한 통과의례 앞에 선 두려움과 설렘을 노래합니다. 나는 아직 길을 찾지 못하고 헤매는데 내 옆의 친구들은 나름대로 길을 찾아 잘 가고 있다고 느낄 때의 소외감을 노래하고 있습니다. 그리고 나에게 주어진 길을 찾을 수 있게 해 달라고 그대에게 간절히 기도합니다. 여기서의 '그대'는 한용운의 '님의 침묵'의 '님'처럼 다양한 의미를 내포합니다. 그대는 내 옆에서 함께해 주는 가족, 친구, 선생님일 수도 있고, 멘토일 수도 있고, 신(神)일 수도 있고, 무엇보다도 '자신의 운명에 대한 믿음'일 수 있습니다. 나에게 힘을 주는 존재를 찾고 가리워진 나의 길을 간절히 찾으려는 마음, 그 마음이 트라우마를 넘어서게 합니다.

영어로 위기(crisis)는 '분리하다.'를 뜻하는 그리스어의 'Krinein'에서 유래되었으며, 본래는 회복과 죽음의 분기점이 되는 갑작스럽고 결정적인 병세의 변화를 가리키는 의학용어로 사용되었다고 합니다. 이쪽으로 가면 회복되고 저쪽으로 가면 죽음에 이르는 갈림길을 뜻합니다. 그것은 변화의 가능성이고 사력을 다한 노력의 필요성을 이야기합니다.

위기(危機)의 동양적 해석은 위험(危險)과 기회(機會)가 공존하는 상황을 뜻합니다. 위기는 위험하지만 도리어 변화할 수 있게끔 저 깊은 곳, 바닥에서 소중한 자원 – 내 옆에서 함께해 주는 사람들과 내 안의 잠재된 회복력 – 과 만나게 해 줍니다. 그렇게 위기를 넘어 성장하게 합니다.

'고통을 줄일 수 있는 방법이 있고, 고통은 의미가 될 수 있다.'는 긍정적인 믿음을 잃지 않고, 그 길은 '혼자'가 아니라 '함께'할 수 있을 때 더 잘 걸어갈 수 있다는 사실을 모두가 잊지 않길 바랍니다.

트라우마, 마음의 상처는 콤플렉스로 남아 한참 동안 우리를 힘들게 합니다. 각자의 고통은 겪어 보지 않은 타인이 쉽게 이해할 수 없습니다. 이 책에서 시종일관 밝은 톤을 유지하면서 트라우마에 대해 설명하였지만 그 어두운 그림자를 가벼이 여기거나 회피하고자 하는 것은 아닙니다. 트라우마는 매우 어두운 주제이며 쉽지 않은 삶의 문제입니다.

하지만 그 어둠 속에서도 치열하게 길을 찾는 마음은 빛이 납니다. 그 속에서 트라우마는 인생에 대해 깨달음을 주는 '빛나는 어둠'이 됩니다.

인생은 목표를 이루는 과정이 아니라 그 자체가 소중한 여행일지니.
서투른 자녀교육보다 과정 자체를 소중하게 생각할 수 있는
훈육을 시키는 것이 더욱 중요하다.

키르케고르

21 부모님께 드리고 싶은 트라우마 이야기

트라우마(trauma)라는 심리학의 전문용어를 이제는 일상용어처럼 사용하는 시대가 된 대한민국에서 부모님들이 아이들을 안전하고 건강하게 키우는 일은 쉽지 않습니다. 예전에는 그냥 넘어갈 일을 사람들이 너무 호들갑스럽게 과장하는 것은 아닌가 하고 생각하시는 분들도 있을 수 있습니다.

마음의 상처를 뜻하는 '트라우마'라는 단어는 자네, 프로이트 이후에 많은 심리학자들의 관심이 되어 왔습니다. 그것은 생각보다 흔하지만 성인이 된 후에까지 여러 가지 콤플렉스로 남아서 영향을 미친다는 것이 밝혀졌습니다.

자녀가 트라우마를 받은 상황에서는 부모님도 동시에 간접 트라우마를 받습니다. 충격적인 상황을 옆에서 지켜보는 것만으로도 트라우마를 받을 수 있다는 사실이 확인되고 있습니다. 하물며 내 자식인데…….

나의 자녀에게 이런 일이 생긴 것 자체를 받아들이기 힘드시고 화가 나실 것입니다. 너무도 당연하지요. '혹시 내가 잘 돌보지 못해서 이런 일이 생긴 것은 아닐까?' 라는 부적절한 죄책감에 시달리실 수도 있습니다.

하지만 가장 힘든 것은 아이들이고, 혼란스러운 아이들을 바로 옆에서 도울 수 있는 사람이 바로 부모님이십니다. '호랑이에게 물려가도 정신만 차리면 산다.' 라는 속담처럼 지금은 부모님께서 본인의 정신줄을 꽉 잡아야 할 순간입니다.

트라우마와 관련된 사건에 대해 자녀가 부모에게 말을 해 줄 때 부모님께서 해야 될 첫 번째 행동은 '부모를 믿고 말해 준 것에 대해 감사를 표하는 것' 입니다. 그리고 말한 '용기' 에 대해서도 칭찬을 해 주세요. '왜 말하지 않았냐? 이렇게 했었어야지.' 등의 말은 피하는 것이 좋습니다.

학교폭력의 피해자의 경우[45] 부모님께서는 무엇보다도 아이에게 도움을 주겠다는 말과 함께 안심시켜 주는 것이 중요합니다. 필요하면 등·하굣길에 동행하여 피해 발생 위험을 줄여 줄 수도 있습니다. 담임선생님과 상의하여 학교생활에서 아이가 보호받을 수 있도록 해야 합니다.

그다음으로는 객관적 사실 및 현재의 상태를 파악합니다. 내 자녀의 입장에서만 바라볼 것이 아니라 객관적이고 정확한 사건의 개요, 진위 여부, 피해 기간 및 강도, 가해자의 신상 파악 등을 한 후에 원인을 알아보아야 합니다. 자녀의 마음의 상처와 심리상태를 파악하는 것이 중요합니다. 내 아이가 문제의 원인을 제공하였을 경우도 있기 때문에 자녀의 사회성이

나 언행, 친구를 대하는 태도 등에서 잘못된 점을 파악해 봅니다. 전문적인 도움을 받아 현재의 피해 정도와 상태를 세심하게 살펴보고 각각에 대한 조취를 취하는 것이 바람직합니다.

그리고 학교에 도움을 청합니다. 사건 처리를 위해 학교와 담임선생님께 사건을 알리고 도움을 청합니다. 학교폭력의 성립 요건인 고의성, 반복성, 힘의 불균형이 있을 시 개별적으로 처리한다거나 그냥 덮어 두고 넘어간다면 문제의 재발뿐 아니라 또 다른 피해 학생을 만드는 원인이 되기도 하므로 공식적인 처리절차를 밟는 것이 필요합니다.

이 과정에서 자녀의 의견을 청취하면서 속도를 조절하는 것이 꼭 필요합니다. 부모가 자녀의 의견을 무시하고 일방적으로 처리한다는 느낌을 주는 것은 앞서 설명한 트라우마의 본질인 무력감을 다시 느끼게 할 수도 있습니다. 자녀의 의견을 존중하는 태도가 필요합니다.

학교폭력과 관련해서 도움이 되지 않는 말에는 다음과 같은 것들이 있습니다.

"넌 왜 그렇게 바보같이 당하고만 있니?"

"별거 아니야! 엄마, 아빠도 다 맞으면서 컸어."

"그거 하나 해결 못하면 인생의 실패자가 되는 거야."

"너도 싸워. 맞고만 있지 말고 너도 때리란 말이야."

> "엄마, 아빠가 다 알아서 할 테니 넌 가만히 있어."
>
> "시간이 해결해 줄 거야."
>
> "엄마, 아빠 말고 아무한테도 네가 맞았다는 말 하지마. 그러면 널 깔볼 거야."
>
> "친구 같은 건 없어도 되니까 공부만 신경 써."

도움이 되는 말은 다음과 같습니다.

> "그동안 많이 힘들었겠구나."
>
> "엄마, 아빠가 지켜보고 있을 테니 걱정하지 마라."
>
> "힘들었을 텐데 이렇게 잘 버텨 온 것을 보니 훌륭하구나."
>
> "도움을 청하는 것은 부끄러운 일이 아니란다."
>
> "싫은 것을 싫다고 이야기하는 것이 용기 있는 사람이야."
>
> "자, 이제 우리가 이 일을 어떻게 해결해야 할지 같이 이야기해 볼까?"

마음의 상처도 몸의 상처처럼 잘 소독하고 약을 바르거나 봉합수술을 하듯이 치료할 수 있습니다.

이 책에서 소개한 트라우마 회복스킬들은 상처를 소독하고 약을 바르는 수준일 수는 있지만, 그것만으로도 큰 트라우마나 작은 트라우마 모두에게 도움이 됩니다.

어떤 트라우마든지 회복의 시작은 '정상화(normalization)'와 '안정화(stabilization)'이기 때문입니다.

트라우마를 야기할 수 있는 일련의 사건 속에서 복잡한 마음을 가지게 되는 것이 지극히 정상이라는 사실(정상화)을 알려 주어야만 합니다. 나이가 어린 아이들은 심리적 방어기제가 덜 완성되어 있기 때문에 트라우마 이후에 생기는 재경험, 과각성, 회피 증상을 경험하면서 자신이 미쳐 가는 것은 아닌지 걱정합니다. 그 아이의 이야기를 세심하게 듣고, 믿을 수 있는 어른이 그런 것을 경험하는 것은 이런 비정상적인 상황에 대한 정상적인 반응이라고 설명하고 지지해 주는 것만으로도 아이는 엄청나게 안정이 됩니다. 특히 몸에 일어나는 떨림이나 재경험은 몸과 마음이 트라우마로부터 회복하는 자연치유적인 과정이라고 설명해 주고 안심시켜 주세요.

그리고 실제적인 신체적 안전과 심리적 안정을 제공할 수 있는 환경을 만들어 주어야만 합니다. 트라우마를 준 사람이나 환경에서 얼마간 떨어져 있는 것이 필요한 경우도 있습니다.

그 후에 자신의 마음을 안정시킬 수 있는 간단한 기술, 이 책에서 소개하는 안정화 기법(호흡법, 안전지대법, 나비포옹법, 봉인법, 소환법, 상상법, 수면법, 착지법)을 소개하고 가르치는 것이 중요합니다. 안정화 기법을 가르치는 것은 지금 바로 내 아이에게 마음의 편안함을 주기도 할 뿐만 아니라 자신의 마음을 스스로 조절할 수 있다는 '자기 조절감'을 줌으로써 트라우마의 핵심인 '무력감'에서 벗어나게 도와줍니다.

트라우마와 관련된 기억은 주로 상황, 이미지를 기억하는 우뇌에서 처리되고 보관되는 경향이 있습니다. 그래서 좌뇌에서 처리되는 언어, 즉 말로 설명하기 어려운 경우가 많습니다. 특히 언어능력이 덜 발달된 아이들의 경우에는 더 어렵습니다. 그리고 그것을 기억해 내서 말로 표현하려고 애쓰는 과정에서 무력감을 재경험할 수도 있습니다.

그러므로 봉인법이나 나비포옹법, 착지법 등을 가르칠 때 나쁜 기억의 장면, 몸의 느낌, 감정, 생각을 말로 표현하기 어려워하면 그림으로 표현하게 할 수도 있습니다. 그것마저 어려워하면 그 내용을 구체적으로 표현하지 않고 그냥 마음속에서 떠오르는 '그것'이라고 이름 붙인 후 그냥 봉인시키거나, '그것'이 지나갈 때 그냥 바라보면서 자신의 몸을 좌우 교대로 두드리거나, 바닥에 발이 닿아 있는 느낌에 집중하라고 설명해도 좋습니다.

노출법은 이러한 안정화 기법이 익숙해지고, 충분히 심리적으로 안정이 된 후에 시도하는 것이 좋습니다. 노출법과 마지막에 소개된 '나의 이야기 쓰기'는 앞서 설명한 트라우마 회복 2단계의 접근이므로 충분히 심리적으로 안정이 된 후에 시행하는 것이 좋습니다.

트라우마의 크기는 사람에 따라 다르지만 일반적으로 기억이 안정화되는 데 3개월의 시간이 걸리는 것으로 알려져 있기 때문에 그 이후에 시도할 수 있습니다. 하지만 어떤 경우에는 전문가의 판단에 따라 즉시 노출법을 시행하는 것이 좋은 경우도 있습니다.

저는 이 책을 십대들이 혼자서 읽고 부모님과 함께하기를 기대하면서 집필하였습니다. 바로 옆에서 이야기하듯이 현장감 있고 최대한 쉽게 실행할 수 있도록 집필하려고 했지만 상담이나 심리학에 대해 생소하기에 실행하기 어려울 수 있습니다.

나이가 어린 아이를 대상으로 회복스킬을 가르칠 때는 아이가 편안해할 시간을 골라 재밌고 즐겁게 배울 수 있는 분위기를 만드는 것이 중요합니다. 수학 학습을 하듯이 딱딱한 분위기에서 억지로 가르치는 것이 아니라 놀이처럼 진행되면 좋습니다. 하루 중에 아이가 가장 편안한 시간은 언제일까요? TV 시청을 하거나 게임을 하고 난 뒤 기분이 좋은 순간을 포착하세요.

그리고 회복스킬을 가르칠 때는 바로바로 칭찬을 많이 해 주어야 합니다. 적절한 보상물(음식, 놀이, 상금 등)을 약속하고 제공함으로써 동기 부여를 시킬 수도 있습니다. 그런데 약속은 꼭 지켜야 합니다. 트라우마 회복에서 신뢰는 아주 중요합니다. 앞에서 설명한 것처럼 트라우마는 자신과 타인과 세상에 대한 신뢰를 무너뜨리기 때문입니다.

그런데 가장 중요한 것은 부모의 회복스킬에 대한 숙련도입니다. '교육의 질은 교사의 질을 넘지 못한다.' '심리치료에서는 치료자가 자신의 치료법에 대한 실제적인 경험에서 우러나오는 확신(confidence)이 중요하다.' 는 말이 있습니다.

이 책에 소개된 회복스킬들은 성인에게도 똑같이 도움이 됩니다. 실제로 성인 트라우마 환자들에게도 같은 기법을 소개하고 있습니다. 처음에는 유치하다고 하시다가도 편안해지는 경험을 한 후에는 마치 동심으로 돌아간 것 같다고 좋아하시기도 합니다.

그러므로 부모님이 직접 이 책에 소개된 회복스킬(호흡법, 안전지대법, 나비포옹법, 봉인법, 소환법, 상상법, 수면법, 착지법)을 꼭 먼저 실습해 보시고 편안함을 체험해 보셨으면 합니다. 그리고 그 편안한 느낌을 붙잡고 아이에게 전해 주세요. 그것이 가장 잘 가르칠 수 있는 방법입니다. 꼭 부모님들이 먼저 연습하여 스스로 이 기법들의 효용성에 대한 확신을 가지고 아이들과 함께하세요.

이 모든 것을 위해 제일 중요한 것은 자녀와 대화를 이어 가는 것입니다. 마치 탁구 연습을 하듯 대화가 이어지는 것이 중요합니다. 꼭 트라우마와 관련된 이야기가 아니어도 좋습니다.

대화는 문제를 드러나게 하고, 부모가 자녀의 심정을 더 잘 이해하게 도와줍니다. 자녀의 긴장을 덜어 주고, 기분이 나아지게 합니다. 자녀가 사건을 더 쉽게 잊게 해 주고, 기억으로부터 자신이 적절한 거리를 유지할 수 있게 도와줍니다. 불안을 보다 큰 관점에서 볼 수 있게 해 주고, 자신이 미쳐 가는 것이 아니라 비정상적인 상황에 대한 정상적인 반응을 보이고 있다는 것을 알 수 있게 도와줍니다.

하지만 어떤 부모님은 자녀가 하는 이야기를 듣기 힘들어하기도 합니다. 그 이유는 자녀가 힘들어하는 것을 듣는 것이 너무 괴롭고 말을 하다가 자녀뿐만 아니라 부모님 자신도 흥분하게 될까 봐 걱정하기 때문입니다. 자녀에게 무슨 말을 해야 할지 모르겠고 부모 자신의 트라우마가 떠오르기도 합니다. (이런 경우를 '급소 반응'이라고 부르기도 합니다.) 대화를 하는 것이 너무 지치고, 시간이 부족하거나, 사건에 대해 말하는 것이 해롭다고 믿는 경우도 있습니다.

자녀가 자발적으로 말할 때 공감적으로 경청하는 것은 분명히 도움이 됩니다.

대화는 꼭 말로만 하는 것이 아닙니다. 대화에는 많은 비언어적인 소통이 함께 진행됩니다. 목소리 톤, 얼굴 표정도 중요합니다. 자녀가 느끼는 감정을 비판단적으로 함께 느껴 보세요. 이해하려고 노력하고, 자녀의 말을 심각하게 받아들이세요. 문제를 축소하거나 "모든 것이 잘될 거야."라는 식으로 말하지 않는 것이 중요합니다. "정말 힘들었겠구나."라며 감정을 받아 주고, "그래서 어떻게 되었니?"라고 질문을 하세요. "네 말을 정리해 보면 이렇다는 거구나."라고 요약해 주세요. "몸 어디 불편한 곳은 없니?"라고 물은 후 몸에서 느껴지는 여러 가지 감각에 대해 자세히 묘사하게 격려하고 안심시켜 주는 것도 좋습니다. 이때 시간을 충분히 주시는 것이 좋습니다.

부모님의 진심이 전해지기만 하면 사소한 실수는 괜찮습니다.

청소년들은 말을 하지 않으려는 경우가 많은데, 그때는 그들의 침묵을 존중해 주어야 합니다. 인내심을 가지고 적절한 때를 기다려야 합니다. 강요하지 말고, 편지나 핸드폰 문자 등 다른 의사소통 수단을 이용할 수도 있습니다. 어떤 아이들은 부모에게 반항적으로 변하고 대들기도 합니다. 하지만 이런 모습을 나쁘게만 보지 마십시오. 싸우지도 못하고, 도망가지도 못하고, 얼어붙어 있는 무력감에 빠져 자책하는 것은 최악의 상태입니다. 부모에게 대들고 싸울 수 있는 것은 그래도 한 단계 나아간 것입니다.

이 과정을 거치고 나서야 조리 있게 자신의 마음을 설명하고, 대화하고, 스스로 조절할 수 있는 단계로 나아갈 수 있습니다. 반항적인 모습만 보고 버릇없다고 혼을 내서라도 당장 고쳐 주기보다는 그 순간 부모가 이해하려는 마음으로 따뜻하게 건네는 말 한마디, 눈빛 하나가 얼어붙은 아이들의 마음을 녹게 합니다.

저는 부모님들로부터 "이런 아이의 반항에 어떻게 대하면 좋겠냐?"는 질문을 자주 진료실에서 받습니다. 그때 저는 보통 "어떻게 하는 것보다는 우선 이해하는 것이 필요합니다."라는 대답을 많이 합니다.

유홍준의 『나의 문화유산 답사기』에 '사랑하면 알게 되고 알게 되면 보이나니, 그때 보이는 것은 전과 같지 않으리라.' 라는 글처럼 우선 아이를 '이해의 눈' 으로 바로 보면 저절로 안쓰러운 마음, 즉 측은지심이 생기는데, 그러면 아이의 반항도 단순한 반항으로 보이지 않아 자연스럽게 따뜻한 눈빛과 말 한 마디가 나올 수 있는 것입니다. 그 진심은 상황을 반전시킵니다. 이해하는 것은 '있는 그대로' 를 받아들이는 것이고, 이것은 그 상태에 머물겠다는 것이 아니라 앞으로의 변화를 위해 자녀와 손을 잡는다는 것입니다.

하지만 부모도 성인군자가 아닌지라 참는 데 한계가 있을 수 있습니다. 그때는 자신의 감정을 '나 메세지(I message)' 로 표현하셔도 좋습니다.

나 메시지에 반대되는 것은 '너 메시지(you message)' 입니다. 너 메시지는 그 상황에 대해 너는 어떻다고 판단/비난하는 것입니다.

아이가 엄마에게 버릇없이 "엄마는 알지도 못하면서 만날 엉뚱한 소리만 해. 꺼져 버려!"라고 말했을 때 "어떻게 너는 그런 말을 할 수 있냐? 너는 왜 그렇게 버릇이 없냐?(판단) 그게 엄마에게 할 말이냐?(비난)"라고 말하는 것이 너 메시지입니다.

여기에는 '너는 문제가 많아.'라는 '나의 판단'이 들어 있지만, 말 속에는 '나'는 쏙 빠집니다. '오로지 너만 문제'라는 식의 말투입니다. 그리고 나 자신의 감정을 전혀 표현하지 않고 있습니다.

나 메시지는 상황에 대한 평가나 판단을 하지 않고 묘사만 한 후 그것에 대한 자신의 감정이나 반응을 설명하는 것입니다.

"네가 그렇게 버릇없이 말하니까(상황 묘사), 나도 속상하다./화가 난다(감정)./ 기운이 빠진다(반응)."라고 말하는 것은 나 메시지입니다. 여기에는 이 상황에 대한 자신의 솔직한 감정이 표현되어 있습니다. 뿐만 아니라그 상황에 대해 그렇게 느끼는 데는 나의 문제도 있다는 것을 인정하는 것입니다.

앞서 설명한 것처럼 이해의 눈으로 볼 때 실제로 같은 상황에서도 화가나지 않을 수도 있습니다. 지금 나의 컨디션에 따라 너의 말이 나에게는다르게 느껴지기도 합니다. '비록 너의 말에 나의 감정이 흔들려도 나의 감정은 나의 문제이고, 그리고 나의 감정을 조절할 수 있는 것은 결국 나이고, 나의 책임'이라는 철학적 태도(attitude)가 나 메시지 밑에 깔려 있습니다.

아무리 나 메시지의 형식에 맞추어 말한다고 해도 상대방에 대한 판단/비난이 들어가면 나 메시지를 '가장(假裝)한' 너 메시지입니다.

"네가 그렇게 버릇없이 말하니까(상황 묘사) 엄마는 화가 나(감정). 너는 언제까지 지난 일에만 매달릴래(비난)? 너의 그런 답답한 모습을 보면 엄마는 참을 수가 없어."

너도 나도 문제가 없을 때는 그냥 잘 지내면 됩니다.

네가 힘들고 내가 괜찮을 때는 받아 주고 토닥여 줄 수 있습니다.

너도 힘들고 나도 힘들면 너를 심판하지 말고 나의 감정을 솔직히 말하면 됩니다. 네가 나의 감정을 배려해 주기를 기대하지 말고, 네가 나의 감정을 배려해 주지 못할 것을 각오하고서……. 이것이 나 메시지입니다.

내가 힘들다고 너를 비난하지 않을 수 있는 것이 나 메시지법의 핵심입니다. 이러한 솔직함에는 힘이 있습니다. 왜냐하면 그 밑에 깔려 있는 사랑과 자신의 대한 책임감이 상대방에게 전해지기 때문입니다.

또한 감정에 솔직한 부모의 모습은 자녀에게 감정을 표현하는 것이 잘 못된 것이 아니라는 것을 가르쳐 줍니다. 적절하게 표현된 감정은 서로 간의 이해를 높이고 상황을 제대로 파악할 수 있는 수단이 된다는 것을 가르쳐 주게 됩니다.

서로의 감정에 대한 이해를 바탕으로 부모와 자녀가 서로의 입장을 확인하고 그 차이점을 절충할 수 있는 다양한 해결책을 찾아보세요.

감정이 좀 가라앉은 후 "그럼 너는 어떻게 하면 좋겠다고 생각하니?"라고 자녀의 의견을 물어보세요. (감정이 가라앉는 데 하루 이상이 걸릴 수도 있습니다.) 이런 질문을 통해 아이가 스스로 생각하는 것을 도와줄 수 있습니다. 그리고 이렇게 문제 해결책을 찾아가는 과정에서 자녀의 의견을 경청하는 것은 자녀에게 '존중받는다.'는 느낌을 전해 줍니다. 그로 인해 외부 상황에 의해 압도되어 자신은 아무것도 할 수 없다고 느끼는 무력감에서 벗어나게 도와줍니다.

이 과정에서 최선이 아니라도 차선이 있을 수 있다는 실제적이고 융통성 있는 접근도 가르칠 수 있습니다. 그리고 자신이 의사 결정 과정에 '참여하였다.'고 느끼기 때문에 최종적인 결론에도 잘 따르게 됩니다.

먼저 "어떻게 하면 좋겠니?"라는 완전 개방형, 주관식 질문을 하고, 그 질문에 대답을 잘 못할 때는 "그럼 이렇게 하는 것이 좋을까? 저렇게 하는 것이 좋을까?"라는 양자택일할 수 있는 반(反) 개방형, 객관식 질문을 해 줄 수 있습니다.

자녀가 노력하는 점에 대해 칭찬과 보상을 해 주시되, 특히 학교에 가고 잠을 잘 자는 부분에 대해 격려해 주세요. 이렇게 일상생활로 복귀하는 것이 트라우마 회복의 3단계입니다.

사실 회복의 과정이 1, 2, 3단계의 순서대로 진행되지 않는 경우도 많습니다. 각 개인마다 독특한 회복의 여정이 있습니다. 그리고 이러한 긴 여정을 마친 후 아이들은 정신적으로 훌쩍 성장합니다. 그것이 앞에서 말한 '외상후 성장'입니다. 트라우마를 넘어서는 것이지요.

외상후 성장은 아직 발전하고 있는 개념으로, 크게는 3가지가 이야기되고 있습니다.

외상후 성장을 경험한 사람들은

1. 인간관계가 강화되었다고 말하기도 합니다. 예를 들어, 자신의 친구와 가족을 더 소중하게 여기게 되었고 다른 이들에 대한 연민이 늘어났으며 좀 더 친밀한 관계를 갈구하게 되었다고 합니다.

2. 인생에 대한 자기 자신의 관점이 변화했다고 말합니다. 예를 들어, 취약성과 한계에 대해 보다 더 받아들임과 동시에 인간의 회복력, 지혜, 그리고 힘의 위대함에 대해 느끼게 되었다고 합니다.

3. 자신의 삶에 대한 철학이 달라진 것에 대해 말하기도 합니다. 예를 들어, 매일매일 새로운 날에 대한 신선한 감사와 삶에서 정말 소중한 것에 대한 이해를 발견하고는 새로운 우선순위를 발전시키게 되었다고 합니다.

사건 이후에 완강히 학교에 가지 않으려고 하거나, 학업 성적이 많이(2등 급 이상) 떨어졌거나, 2주 이상 잠을 잘 자지 못할 때는 꼭 전문가와 상담을 하기를 권합니다.

트라우마를 받은 아이의 친구들도 함께 목격하면서 힘들어하는 경우도 있습니다. 특히 친구가 급작스럽게 사고로 죽은 경우, 처음 몇 달은 유가 족 못지않게 충격을 받고 힘들어하는 경우도 있으므로 각별한 관심이 필 요합니다.

외상후 스트레스 증상(재경험, 과각성, 회피)이 한 달 이상 지속되어 일상 생활을 하는 데 지장이 있을 때는 외상후 스트레스 장애(Post Traumatic Stress Disorder: PTSD)로 진단됩니다. PTSD를 겪는 환자들의 50%는 사회 부 적응, 우울증, 불면증, 알코올 사용 장애 등의 어려움을 안고 살아가고, 20%는 자살 시도를 하며, 치료하지 않는 경우 저절로 회복되는 경향이 낮 아 50% 이상은 만성화되는 경향을 보입니다.

"유감스럽게도 아이들은 우리가 말하는 것을 보고 배우지 않고, 우리가 행동하는 것을 보고 배운다."는 정신의학자 칼 구스타브 융의 말처럼 자 녀에게 힘든 일이 생겼을 때 부모가 의연하게 흔들리지 않고 자신의 삶을 이어 가는 모습을 보여 주는 것이야말로 가장 좋은 살아 있는 본보기가 됩 니다.

정리 노트
&
실습 노트

정리 노트

트라우마: 압도적인 스트레스에 의해 정신의 보호막이 붕괴되거나 고장을 일으켜 심한 불안이나 공포를 경험하면서 어떻게 해야 하는지 모르는 무력감에 빠져 자기 조절감을 잃은 상태

외상성 사건: 큰 트라우마 vs 작은 트라우마, 단일 트라우마 vs 복합 트라우마

외상후 스트레스 3대 증상: 재경험, 과각성, 회피

방아쇠 자극(트리거): 사건을 다시 떠오르게 하는 자극

재경험: 집요하게 사건의 기억이 자꾸 반복해서 떠오름, 플래시백
과각성: 전투를 위한 몸의 변화, 교감신경계와 감정뇌의 활성화
회피: 멍하게 되거나 방아쇠 자극을 지속적으로 피하려는 행동

방아쇠 자극 – 재경험 – 과각성 – 회피의 연쇄 반응: 트라우마에 의해 생긴 콤플렉스의 활성화, 자아에 사로잡힘

트라우마 회복의 핵심: 무력감에서 벗어나 자기 조절감을 회복하는 것

정상화: 사건 초기에 이러한 외상후 스트레스 증상이 일시적으로 나타

나는 것을 자기 치유의 자연스러운 과정으로 이해하는 것

감정 온도계: 마음이 불안하고, 몸이 긴장되는 정도를 1~10점 사이의 점수로 측정해 보는 것. 점수가 높을수록 불안이나 긴장이 심하다.

멘붕 탈출 9가지 회복스킬
1. 호흡법: 심호흡법, 복식호흡법
2. 안전지대법
3. 나비포옹법
4. 봉인법
5. 소환법: 루틴(routine), 조건반사
6. 상상법: 사라지게 만들기, 웃기게 만들기
7. 수면법: 꿈 일기
8. 착지법: 지금 여기 머물기
9. 노출법: 단계적 노출, 도전의 계단

트라우마에서 얼마나 회복되었는지 알 수 있는 방법: 다시 평정심을 찾는 시간이 얼마나 짧아졌는지 확인해 보기

오뚝이와 파도타기: 외상후 스트레스 증상 속에서 중심 잡기

RICH 원칙: 존중(Respect), 정보(Information), 연결(Connect), 희망(Hope)

심리적 지원(리소스): 가족, 친구, 선생님, 반려동물과의 추억, 책 또는

영화 속에서의 감동, 자연과의 교감, 취미, 종교

기억에 대한 통제력: 감정에 대해 압도당하지 않고 기억할 수 있게 되는 것

인지행동치료: 생각 · 감정 · 행동(몸)의 삼각형

과거는 지나갔고, 그것에 대한 기억은 변화되고, 어떻게 해석하느냐에 따라 의미가 달라진다.

사건 전후의 삶과 마음의 변화를 조망하기: bird eye view

두려움은 맞서면 반이 되고, 뒤돌아서면 배가 된다.
슬픔은 나누면 반이 되고, 기쁨은 나누면 배가 된다.

학교폭력의 성립 요건: 고의성, 반복성, 힘의 불균형

가해자, 피해자, 피해 – 가해자: 공격자와의 동일시

용서: 가해자와 화해하지 않아도 된다. 분노를 내려놓는 것, 자유

정의(正義): 단순한 사법적 혹은 징벌적 정의(criminal justice)를 넘어서는 회복적 정의(restorative justice)가 필요, 사건의 재발을 막기 위해 사회적 시스템의 변환

정상적 애도 반응

나의 이야기 쓰기: 가장 깊은 생각과 감정, 육하원칙에 따라 시간 순으로 안정이 된 후에 시행

상담하기: 자발적 참여가 가장 중요, 신뢰 형성

트라우마 회복의 3단계
1단계: 생존자는 안전을 확립한다 – 생존자의 역량 강화
2단계: 기억하고 애도한다 – 외상 이야기의 재구성
3단계: 일상과 다시 연결되어 간다 – 생존자와 공동체 사이의 연결 복구

외상후 성장

트라우마의 치료약: 다른 사람을 사랑하는 건 신의 얼굴을 대면한 것과 같다.

트라우마에서 회복되는 과정은 일종의 '통과의례'와 같다.

실습 노트

1. 사고가 난 후 며칠 만에 마음이 좀 안정되기 시작했나요?

2. 살아오면서 누구에게도 말하기 싫은 비밀이 있나요?
   그 비밀을 간직하려니 마음이 어떻게 되던가요?

3. 누구와도 말하고 싶지 않을 때, '말하기 싫다.' 라고 말한 후 혼자서 무
   엇을 하나요?

4. 나의 방아쇠 자극은 무엇인가요?

   (예) 검은색 자동차에 사고를 당한 후 자동차, 검은색, 경적 소리에 깜짝 놀란다.

   친구들에게 반톡에서 까임을 당한 후 카톡 소리만 들으면 가슴이 두근댄다.

5. 나의 재경험을 적어 봅시다.

   (예) 무서운 영화를 본 후 그 장면이 떠올라 잠들기 힘들다, 시험 시간에 실수한
   것이 자꾸 생각난다, 친구 앞에서 무시당한 후 그 친구를 보면 그때 감정이
   다시 느껴진다.

6. 나의 과각성을 적어 봅시다.

　　(예) 엄마에게 혼난 후 바스락거리는 작은 소리에도 깜짝 놀란다.

7. 나의 회피를 적어 봅시다.

　　(예) 개에 물린 후 개 근처에도 안 간다, 수학 시험에서 도형 문제를 망친 후 도형
　　　　문제만 풀려면 멍해진다, 친구들 앞에서 농구를 하다가 창피를 당한 후 다시
　　　　는 농구를 하지 않는다.

8. 내가 경험한 학교폭력을 적어 봅시다.

9. 부모님이나 선생님에게 학교폭력 사실을 말했을 때 생긴 어려움에 대해
   적어 봅시다.

10. 어떤 외상후 스트레스 증상을 경험하면서 '혹시 내가 이상해지는 거 아닌가?' 라고 겁이 났나요?

11. 다른 친구들이나 어른들과 그런 증상에 대해 대화하면서 다른 사람들도 비슷한 경험을 한 이야기를 듣고 '나만 그런 것이 아니구나!' 라고 안심한 적이 있나요?

12. 사고가 난 지 한참이 지나서 다시 마음이 힘들어진 적이 있나요? 있다면 얼마나 지난 후인가요?

13. 상황, 생각, 감정, 행동(몸의 반응)을 표에 적어 봅시다.

상황	자동차 경적 소리를 들었다.
생각	위험하다.
감정	무섭고 긴장된다.
행동 (몸의 반응)	가슴이 두근대고, 몸이 굳어진다. 그래서 귀를 막고 집으로 되돌아갔다.

상황	
생각	
감정	
행동 (몸의 반응)	

14. 방아쇠 자극 – 재경험 – 과각성 – 회피의 연쇄 반응

방아쇠 자극(상황)	자동차 경적 소리
재경험(이미지, 생각, 감정)	사고 장면이 떠오르면서 위험하고 무섭다.
과각성(몸의 반응, 생각, 감정)	가슴이 두근대고, 몸이 굳어진다.
회피(행동)	귀를 막고 집으로 되돌아간다.

방아쇠 자극(상황)	
재경험(이미지, 생각, 감정)	
과각성(몸의 반응, 생각, 감정)	
회피(행동)	

15. '내 생각이 잘못 되었구나!' 라고 크게 깨닫고 생각을 고친 경험을 적어
봅시다.

　　(예) 물건이 없어져서 친구 A를 의심했는데, 알고 보니 친구 B가 훔쳐간 것을
　　　　알고 '내가 잘못 생각했구나!' 라고 깨닫고 미안했다.

16. 잘못 생각했을 때 주변의 여러 상황이 어떻게 다르게 보였나요?

　(예) 친구 A를 의심할 때는 친구 A의 표정이나 행동이 평소보다 긴장을 하고 있고 주저하는 것처럼 보였다. 하지만 나의 착각이었다.

17. 불안하고 극단적인 생각을 빨간 생각(Red Thought), 유용하고 쿨한 생각을 파란 생각(Blue Thought)이라고 부르는데 둘을 각각의 칸에 적고 비교해 봅시다.

상황: 영어 시험을 망쳤을 때

불안한 생각(빨간 생각)	유용한 생각(파란 생각)
끝장이다.	다음에 잘하면 되지.
나는 뭘 해도 안된다.	이번에는 너무 시간이 부족했다.
나는 잘하는 것이 없다.	나는 운동은 잘한다.
엄마가 나를 엄청 혼낼 것이다.	이것도 지나갈 것이다.

상황:

불안한 생각(빨간 생각)	유용한 생각(파란 생각)

18. 운동을 하고 나서 기분이 풀어진 경험이 있으면 적어 봅시다.

19. 실제로 위험한 일에 만용을 부려 도전한 경험을 적어 봅시다.

20. 그 결과는 어떻게 되었나요?

21. 운 좋게 별일 없었다면 다음번에도 괜찮을까요?

22. 여러분이 평정심을 느낀 순간은 언제인가요?

　　(예) 좋아하는 음악을 들을 때, 산 정상에 올랐을 때

23. 지금 당장 기분이 좋아지기 위해 할 수 있는 활동은 무엇이 있을까요?

   (예) 반려동물과 놀기, 뜨거운 물에 목욕하기

24. 최근 엄마에게 혼나고 속상한 후에 기분이 다시 풀어지는 데 시간이 얼마나 걸렸나요? 3일? 하루? 반나절? 3시간? 1시간?

25. 위기의 순간, 무엇이나 누구를 떠올리면서 마음을 안정시킬 수 있을까요?

　　(예) 아빠, 친구, 예수님, 부처님

26. 여러분의 기억과 실제 사건이 다른 것을 확인한 경험을 적어 봅시다.

　　(예) 기억으로는 분명히 열쇠를 책상 위에 두었는데, 실제로는 식탁 위에 두었다.

27. 예전에 있었던 일이 당시와는 다른 느낌으로 기억되는 경험을 적어 봅시다.

　(예) 수학여행 중 한라산을 올라갔는데 다리도 아프고 너무 힘이 들었다. 그런데 한 달 정도 지나서는 그때의 일이 추억으로 즐겁게 기억된다.

28. 시간이 지난 후 그 일의 의미가 새롭게 다가오는 경험을 적어 봅시다.

　(예) 대학 입시에 떨어지고 크게 낙망했지만, 재수를 하면서 정신적으로 성숙해지고 더 좋은 대학에 입학하게 되었다.

29. 여러분이 아는 존경할 만한 사람이나 단체는 무엇인가요?

30. 나만의 긍정적인 혼잣말을 만들어 봅시다. 좌우명처럼 나의 결심과 희
    망을 담은 멋진 어구를 만들어 봅시다. (힘들면 인터넷에서 명언을 검색하
    여 그중에 마음에 드는 것을 찾아볼 수도 있겠지요.)

31. 상담을 받고 싶다면 누구에게 먼저 이야기를 하고 싶나요?

   (예) 부모님, 담임선생님, 친구

32. 개인 상담시간에 이야기를 하는 것도 나의 이야기 쓰기와 비슷합니다. 상담은 기분을 좋게 할 수 있고, 무엇이 일어났고, 또 일어나고 있는지 명료하게 볼 수 있도록 도와줍니다. 다른 사람들도 나와 비슷한 경험을 하고 있다는 것을 확인시켜 주기도 하고, 내가 무엇을 할 수 있는지 조언을 주기도 합니다. 그리고 부모님이나 친구들이 여러분을 도울 수 있게 할 수도 있습니다. 하지만 상담은 내담자가 마음의 준비를 하고 자발적으로 참여할 때 가장 효과가 있습니다.

   내가 상담 받을 수 있는 곳은 어디일까요?

   (예) 학교 상담실, 병원

저자 후기

이 책에서 소개하는 회복스킬들은 노르웨이의 '어린이와 전쟁 재단(Children and War Foundation; http://www.childrenandwar.org/)'에서 만든 TRT(Teaching Recovery Technique) 프로그램에 포함된 일부 기법들에 저자가 몇 가지 인지행동치료 기법을 추가하여 한국의 상황에 맞게 저술한 것입니다.

'어린이와 전쟁 재단'은 비영리 비정부기구(NGO)로, 보스니아 내전 등 각종 재난 현장에서 트라우마를 받은 아이들을 돕는 일을 합니다. 세월호 참사 이후 이 재단에서 2명의 전문가 Alte Dyregrov 박사와 Stephen Regel 박사를 한국에 보내서 한국의 소아정신과 의사 선생님들에게 자신들의 TRT 프로그램을 소개해 주었습니다. 이 워크숍은 자살과 학생정신건강연구소, 국회의원 신의진, 학생정신건강지원센터 주관, 교육부, 보건복지부, 대한소아청소년정신의학회, '어린이와 전쟁 재단'의 후원으로 2014년 6월 27일부터 3일간 개최되었습니다.

저는 멀리 외국에서 찾아와 돕고 싶어 하는 사랑의 마음을 느낄 수 있었습니다. 트라우마의 극복에는 세상과 사람에 대한 믿음과 희망을 다시 되찾는 것이 중요합니다. 이러한 재단의 존재 자체가 인간의 선한 마음이 실제로 존재함을 상징합니다. 그리고 저는 그 사랑의 마음을 전하기 위해 이 책을 쓴 것입니다.

이 책에서 나오는 인세 전액은 '어린이와 전쟁 재단' 과 우리나라 소아청소년 트라우마 관련 기금에 기부될 것입니다. '어린이와 전쟁 재단' 홈페이지에는 직접 카드 등으로 기부할 수 있는 방법이 소개되어 있습니다.

하지만 이 책은 TRT(Teaching Recovery Technique) 매뉴얼이 아니며, 이 책에 저술된 내용은 저자의 개인적인 소견으로, '어린이와 전쟁 재단' 의 공식적인 입장과는 무관하고 독립적임을 밝힙니다. 저자가 TRT 프로그램의 일부만 차용, 소개하였으므로 TRT 프로그램 전체를 사용하였을 때의 입증된 효과도 '어린이와 전쟁 재단' 이 보증하지 않습니다.

그리고 2012년 대한소아청소년정신의학회 대국민 공개강좌 〈왕따, 학교폭력이 없는 세상〉 강의록에서 많은 자료를 인용, 발췌하였습니다. 대한소아청소년정신의학회의 인용 허락에 감사드립니다. 대한불안의학회 산하 PTSD 연구회/재난정신의학위원회 주관으로 임현국 등(2009)이 표준화한 사건충격척도(Impact of Event Scale – Revised: IES-R)를 책에 싣도록 허락해 주신 관계자 분들께도 감사드립니다.

초고를 읽고 많은 조언과 격려를 주신 이부영, 홍강의, 곽영숙, 김대호, 조인희 선생님께 감사드립니다. 이 책의 출판을 수락해 주신 학지사의 김진환 사장님과 편집자 이상경 선생님, 그리고 위트 있는 삽화로 책을 빛내 주신 배재현 선생님 께도 감사드립니다.

세월호 참사 심리위기 개입에 4개월여 동안 자원봉사로 참여하면서 많이 울며 의사로서의 초심을 되찾고 대한소아청소년정신의학회 190여 명의 선후배 소아 정신과 의사들과 함께하며 많이 배우고, 도리어 단원고 학생, 교사, 유가족과 실 종자 가족에게서 감사선물을 받은 일은 중년의 저 자신을 다시 성장하게 해 주었 습니다. 저에게 이 책을 만드는 작업은 세월호 참사를 겪으며 기성세대로서의 책 임을 통감(痛感)하면서 '가만히 있으라.' 는 말 대신에 우리 아이들에게 전해 줄 무언가를 찾는 과정이었는지도 모르겠습니다. 제 마음을 건드려 움직이게 만든 그 감동(感動)을 고이 간직하고, 그 길에서 만난 많은 사람들에게 감사드립니다. 그분들에게 이 조그마한 책을 바칩니다.

이 책은 대한소아청소년정신의학회에서 수여하는 제3회 소아청소년 정신의학학술저작상을 2016년 11월 4일에 수상하였습니다.

미 주 ⊘

1) 재난상황 PTSD 대응 매뉴얼 개발 연구–재난에 따른 심리적 위기와 PTSD 예방을 위한 응급처치 매뉴얼–(가톨릭대학교 산학협력단, 연구 책임자 채정호, 광주시 연구 용역 인용).

2) '외상성 경험'이 성립되려면 외상성 사건에 대한 정신적 교감이 필요하다. 그렇게 하려면 아이들은 ① 자신이 위험에 처해 있다거나 끔찍한 것을 목격하고 있음을 이해할 수 있어야 하고, ② 자신이 도움을 받을 수 없다는 것을 절박하게 느껴야 하고, ③ 외상의 기억을 은연중 혹은 명백하게 기억에 저장해야 한다. 일단 아이들이 위험, 위협, 무력감을 알고 나서 이런 기억저장이 진행되면 정신적 외상, 트라우마를 구성하는 한 가지 혹은 여러 가지 심리적 증상을 경험하게 될 것이다. 아동기 피해 아동이 성인기에 높은 발병률을 보이는 이유를 '잠복기 효과(sleeper effect)'로 설명하기도 한다. 증세가 발현되기 위해서는 일정의 발달과정이나 성숙과정이 필요하다는 뜻이다. 즉, 성기능장애 등과 같은 증세는 성인기가 되어서 확인되기 때문이다(소아정신의학, 홍강의 외, 2012: 443).

3) 2014년에 개정된 DSM-5에서는 사고를 직접 겪은 사람들 이외에도 사고 장면을 직접 목격한 사람들에게서도 외상후 스트레스 장애가 발생할 수 있음을 명시하고 있다. 미국의 국가공존질환조사에서 발표한 자료에 따르면, 단순히 재난이나 재해를 목격하는 것만으로도 7.3%의 사람들에게서 PTSD가 발병한다고 보고하였다.

4) 충격을 받은 아이들은 멍하고, 무감각(numbness)하고, 어떤(혹은 대부분의) 감정도 느낄 수 없다고 호소한다. 이는 압도당한 경험에 대한 '얼어붙은 (Freezing)' 반응이거나 특별한 회피 반응이다. 어떤 아이들은 "아무 것도 느낄 수가 없어요." "모든 것이 느껴져요. 모두 생각나요. 너무 많이 느껴져요." 혹은 "울면 멈출 수 없을 것 같아 두려워요."라고 말한다. 무감각은 모든 것을 차단해 버린다(Greenwald, 2011: 43).

5) 트라우마는 내부 또는 외부에서 오는 너무 강력한 자극으로 인해 정신기구가 갑자기 붕괴되거나 고장을 일으키는 현상을 가리키는 용어다. 이때 자극 장벽이나 보호막이 깨어지고, 자아는 압도되어 중재능력을 상실한다. 그 결과 무기력 상태가 따라오며, 이 상태는 전적인 무관심과 철수로부터 공황상태에 가까운 해체 행동에 이르기까지 다양한 형태로 나타난다. 또한 자율적 기능의 장애를 보여 주는 신호들이 빈번하게 나타난다. 외상성 상태는 그것의 강도나 지속되는 기간에서 개인마다 다르다. 그것의 결과는 대수롭지 않은 것일 수도 있고, 삶에 심각한 장애를 가져오는 외상 신경증일 수도 있다(정신분석용어 사전).

6) 자연재해나 교통사고, 심한 폭력, 성폭력 등의 심각한 사건에 한 번 노출되는 것으로 트라우마를 받을 수도 있지만(big trauma, single trauma), 부모로부터의 학대, 왕따와 같이 작은 충격을 여러 번 받는 것도 트라우마가 될 수 있습니다(small trauma, complex trauma).

7) 외상 후의 아이들에게 나타날 수 있는 문제행동에는 파괴적인 행동,

좌절 시 참을성 부족(낮은 좌절 내성), 우울, 불안, 집중력 저하, 활동/목표에 대한 흥미 상실, '신경 쓰지 마라.'는 태도, 분노, 싸움, 학교 결석, 물질 남용, 범죄 행위, 병원 치료에 비순응, 자살 행동 등이 있다(Greenwald, 2011: 29).

8) 의료행동과학, 대한신경정신의학회 편, P. 148 인용.

9) 트라우마에서는 그 상황에 대해 자신이 할 수 있는 것이 아무것도 없다고 느끼는 무력감(helpless)이 핵심적 요소입니다. 이것은 자신이 해체되는 듯한 경험입니다. 이후 재경험, 과각성 증상으로 인해 자신의 신체감각, 생각, 감정마저 조절할 수 없다고 느끼게 되는 자기조절감의 상실로 이어지고, 사회적·정서적 위축과 사건 관련 자극에 대한 회피로 이어집니다. 이 무력감에서 벗어나서 자신과 세상, 미래에 대한 믿음을 되찾아가는 것이 회복의 과정입니다.

10) Levine(2014: 51-53).

11) 홍강의 외(2012: 443).

12) 여기에 소개된 사례는 실제 사례자에게 양해를 구하고, 인적사항과 내용을 변형시킨 것입니다.

13) 이부영(2014: 38).

14) 아랑전설, 문화콘텐츠닷컴(문화원형백과 한국적 감성에 기반한 이야기), 2006, 한국콘텐츠진흥원.

15) 멘붕이 와서 너무 불안이 심해지면, 짧고 빠른 과호흡을 하게 됩니다. 그러면 피 속에 이산화탄소가 정상 범위 아래로 떨어지면서 손발이 저리고 마비가 오게 되는데, 이것을 전문용어로는 '과호흡 증후군' 이라고 부릅니다. 이때는 비닐봉지를 입과 코에 대고 숨을 천천히 내쉰 후 다시 비닐봉지 속의 자신의 숨을 들이마시는 것을 반복하는 것이 도움이 됩니다.

16) Reliability and Validity of Korean version of the Impact of Event Scale-Revised: Hyun-Kook Chung etc. Disaster Psychiatry Committe in Korean Academy of Anxiety Disorders, Comprehensive Psychiatry 50 (2009: 385-390)

17) 어린이들에게는 트라우마를 재연하는 놀이를 반복하기도 하는데, 이것도 자연스러운 치유의 시도이기도 합니다.

18) 이러한 설명은 정상화(normalization)라고 합니다. 나이가 어린 아이들일수록 경험이 적고 정신적 자기방어 기제가 덜 발달되어 있어 외상후 스트레스 증상을 경험하면서 자신이 미쳐 가는 것이 아닌가라고 불안해 합니다. 사건 초기에 이들에게 이런 증상들이 정상적이라는 사실을 알려 주는 것이 중요합니다.

19) 일본 스포츠 용품 회사인 아식스(ASCIS)의 이름은 '건강한 몸에 건전한 정신이 깃든다.' 는 라틴어 문구 'anima sana in corpore sano' 의 첫 글자를 모은 것입니다.

20) WHO에서 만들어진 재난 상황에서의 '심리적 일차 개입(psychologicalfirst aid: PFA)'의 매뉴얼에서 설명하는 가장 먼저 시행되어야 할 조치는 안전감, 보안, 생존감 확인, 음식과 거처 확보 등의 기본적인 욕구 충족입니다.

21) 멘붕 탈출 9가지 회복스킬이라고 이름 붙인 회복스킬 중 노출법을 제외한 8가지 스킬은 사고 직후에 트라우마 치료의 1단계 감정과 몸의 안정화 (stabilization)를 위해 사용되는 기법입니다. 사고 초기에 안정화되지 않은 상황에서 트라우마성 기억을 무방비로 떠올리게 하는 것은 도리어 2차 트라우마를 유발할 수도 있습니다. 먼저 자신의 감정과 몸을 안정화시킬 수 있는 방법을 배워서 '안전감'을 회복하는 것이 중요합니다. 마지막 회복스킬인 '노출법'은 충분히 심리적으로 안정이 되고, 앞의 여덟 가지 회복스킬을 충분히 사용할 수 있을 때 시도해야 합니다.

22) KBS 개그콘서트의 '말죽거리 잔혹사'에 나왔던 개그맨 조윤호의 유행어입니다.

23) 안전지대는 아이들이 실제로 경험한 기억 속에서 골라도 됩니다. 가족이나 친구들과 여행을 가서 본 멋진 풍경이나 자신의 방에서 일요일에 늘어지게 낮잠을 자는 모습도 가능합니다. 하지만 그 장면 속에서 가족이나 친구들에 대한 안 좋은 감정 또는 기억으로 이어지거나 늦잠을 자다가 엄마에게 혼나는 기억으로 이어지면 더 이상 안전지대가 아니기 때문에 100% 좋기만 한 기억 속의 장면이나 상상의 장소로 안전지대를 만드는 것이 좋습니다. 자신의 방을 안전지대로 한다면 잠금장치를 해서 아무도 못 들어오게 설정할 수도 있습니다.

24) 'Eye Movement Desensitiztaion and Reprocessing'의 안구운동 민감소실 및 재처리 기법은 프란시스 샤피로에 의해 1987년에 개발된 트라우마 심리치료법입니다. EMDR은 행동 기법과 내담자 중심 접근법의 요소를 통합한 복잡한 치료방법입니다. EMDR의 구체적인 과정을 간단하게 소개하면 다음과 같습니다. 외상 기억의 가장 고통스러운 장면에 집중하면서 치료자의 손가락을 따라 눈동자를 좌우로 움직이게 합니다. 그동안 어떤 것이 떠올라도 그냥 바라보게만 합니다. 한 세트의 안구운동 후 그동안 떠오른 이미지, 신체감각, 감정, 생각을 말하게 합니다. 내담자가 고통이 전혀 없고 긍정적인 시각을 완전하게 받아들일 수 있을 때까지 이런 과정을 반복합니다.

25) 상자의 크기, 색깔, 질감 등의 요소를 자세하게 물어보고 정하는 것이 상상하는 것을 도울 수 있습니다. 상상이 잘 안되면 그림을 핸드폰 사진으로 찍어서 보면서 상상해도 괜찮습니다. 상자에 담을 부정적인 기억이나 생각, 감정은 구체적으로 말하도록 강요하지 않는 것이 좋습니다. 아이가 상상으로 그것을 통제할 수 있다고 느끼는 것이 중요합니다.

26) 이렇게 구체적인 행동으로 신체적 자극을 동시에 주는 것이 아이들의 주의를 환기시키고, 조건반사를 형성하는 데 도움이 됩니다.

27) 꿈의 뜻에 대해서는 해몽하지 말고, 그런 꿈을 꾸어서 '놀랐겠구나' '무서웠겠구나' 하고 공감하고 안심만 시켜 주면 됩니다.

28) 착지(着地)는 영어 Grounding의 번역입니다. 피터 레빈 박사의 『신체감각체험중심치료(Somatic Experiencing)(서주희 역, 2014)』에서는 특히 그라운딩

(grounding)을 강조합니다. 이 책에서 레빈 박사는 '트라우마는 사람들을 그들의 몸과 분리시킵니다. 트라우마로 인해 사람들은 그들의 지면을 잃어 버리므로 지면을 재설정하는 법을 익히는 것은 치료의 중요한 부분이 됩니다.' 라고 설명합니다.

29) 여기에 소개된 사례는 실제 사례자에게 양해를 구하고, 인적사항과 내용을 변형시킨 것입니다.

30) 트라우마에 노출된 학생 지지하기 프로그램 매뉴얼3, p. 35 인용, 교육부 산하 학생정신건강지원센터에서는 미국에서 개발된 트라우마에 노출된 학생 지지하기 프로그램(Support for Students Exposed to Trauma: SSET)을 도입하여 보급하고 있습니다. 학생정신건강지원센터는 대한민국의 여러 재난 현장에서 심리위기개입을 하였고, 세월호 참사 심리위기개입에서도 단원고에서 활동하였습니다. 또한 학교에서의 자살, 학교폭력 등의 트라우마를 대처하기 위해 교사 교육과 위센터 자문 등의 역할을 하고 있습니다.

31) 트라우마에 노출된 학생 지지하기 프로그램 매뉴얼3, pp. 37–38 인용

32) 이러한 부정적인 인지왜곡에는 흑백논리, 지나친 일반화, 색안경을 끼고 보기, 긍정적인 면의 평가절하, 지나친 속단, 과대 또는 과소평가, 감정적 추론, '해야만 한다.' 는 말, 꼬리표 달기, 귀인화와 비난 등이 있습니다.

33) 미국 펜실베니아주립대학교의 심리학 교수인 마틴 셀리그만에 의해 창시된 긍정심리학은 문제 상황에 대해 비관적인 설명 양식을 가진 사람들이 쉽게

포기하는 경향을 발견했습니다. 비관적인 설명 양식이란 문제 상황을 지속적이고, 만연적이며, 개인적인 차원으로 해석하는 것입니다. 앞의 표에서 든 예처럼 영어 시험을 망치고 "역시 난 안돼(개인화). 또 실패야(지속성). 전부 망했군. 다른 애들이 나를 무시하겠지. 나는 잘하는 것이 하나도 없어(만연성)." 와 같은 해석입니다. 반면에 낙관적인 설명 양식을 가진 사람은 실패를 경험하면 잠시 무기력해지고 기운이 빠지지만 단숨에 다시 회복하여 정반대의 설명 양식을 갖게 됩니다. "영어 시험을 잘 보는 것은 누구에게나 어려운 일이야.(비개인화) 이번에는 시험 준비 시간이 너무 부족했어(비지속성). 나는 국어에 비해 영어가 약한 편이지(비만연성)."

더 자세한 것이 궁금하다면 『마틴 셀리그만의 낙관성 학습』(Seligman, 2012)이라는 책을 참고하시기 바랍니다.

34) RICH 모델 −Respect(존중), Information(정보), Connect(연결), Hope(희망)− 은 외상 치료에서 최적의 치료관계를 형성하는 접근법입니다(Saakvtine, Gamble, Pearlman, & Lev, 2000). 이 모델은 역량증진 접근법으로, 치료자의 바람직한 태도와 안전하고 지지적이고 치료적인 환경을 만드는 방법으로 구성되어 있습니다.(Greenwald, 2011: 81)

35) Levine(2014: 11)

36) 2012년 대한소아청소년정신의학회 정신건강 캠페인 대국민 공개강좌에 사용된 가상의 사례를 변형하였습니다.

37) Schützenberger & Jeufroy(2014: 144).

38) Schützenberger & Jeufroy (2014: 143).

39) Yoder(2014: 110-111).

40) 이부영(2014: 362).

41) Herman(2011: 260).

42) 트라우마에 노출된 학생 지지하기 프로그램 매뉴얼3, p50–51 인용

43) Jung et al(2013: 183).

44) 개성화의 실제 과정–자기 자신과의 내적 중심(정신의 핵) 또는 자기(Self)와의 의
식적 대화–은 보통 인격의 상처 및 그에 따르는 고통과 함께 시작합니다. 이
첫 번째 충격은 마침내 일종의 '소명' 이 됩니다. 물론 그렇게 인식되는 일은
드뭅니다(Jung et al, 2013: 185).

45) 학교폭력 피해 대처에 관한 부분은 2012년 대한소아청소년정신의학
회 정신건강 캠페인 대국민 공개강좌의 내용을 인용, 발췌하였습니다.

참고문헌 📖

재난상황 PTSD 대응 매뉴얼 개발 연구-재난에 따른 심리적 위기와 PTSD 예방을
　　위한 응급처치 매뉴얼(가톨릭대학교 산학협력단, 연구 책임자 채정호, 광주시 연
　　구 용역 인용).

심리적 회복을 위한 개입 모델, 전문가 교육용, 대한정신건강재단 재난정신건강
　　위원회

트라우마에 노출된 학생 지지하기 프로그램 메뉴얼(Support for Students Exposed to
　　Trauma(SSET) manual)

Children and Disaster Teaching Recovery Techniques, Patrick Smith, Atle
　　Dyregrov, William Yule, Children and War Foundation, Gergen,
　　Norway(1999, revised 2002, 2008, 2010, 2013).

Reliability and Validity of Korean version of the Impact of Event Scale-Revised:
　　Hyun-Kook Chung etc. Disaster Psychiatry Committe in Korean Academy
　　of Anxiety Disorders, Comprehensive Psychiatry 50 (2009), 385-390

김준기(2009). 영화로 만나는 치유의 심리학. 서울: 시그마북스.

문용린, 김준호, 임영식, 곽금주, 최지영, 박병식, 박효정, 이규미, 임재명, 정규원,
　　김충식, 신순갑, 진태원, 장현우(2006). 학교폭력 예방과 상담. 서울: 학지사.

이부영(2014). 분석심리학 이야기. 서울: 집문당.

이부영(2014). 정신건강 이야기. 서울: 집문당.

홍강의 외(2012). 소아정신의학. 서울: 중앙문화사.

Ancelin Schützenberger Anne & Bissone Jeufroy Evelyne (2014). 차마 울지 못한 당신을 위하여. [*Sortir du deuil - Surmonter son chagrin et réapprendre á vivre Poche.*] (허봉금 역). 서울: 민음인. (원전은 2008년에 출판).

Greenwald, R. (2011). 마음을 다친 아동 청소년을 위한 핸드북. [*Child Trauma Handbook: A Guide for Helping Trauma-Exposed Children and Adolescents Paperback.*] (정성훈, 정운선 역). 서울: 학지사. (원전은 2005년에 출판).

Herman, J. (2011). 트라우마. [*Trauma and recovery: The aftermath of violence from domestic abuse to political terror.*]. (최현정 역). 경기: 열린책들. (원전은 1996년에 출판).

Jung, C. G., von Franz, M. L., Henderson, J. L., Jacobi, J., & Jaffe, A. (2013). 인간과 상징. [*Man and his symbols.*] (이부영, 이철, 조수철 역). 서울: 집문당. (원전은 1964 출판).

Levine, P. A. (2014). 몸과 마음을 잇는 트라우마 치유. [*Healing trauma: A pioneering program for restoring the wisdom of your body.*] (서주희 역). 서울: 민음인. (원전은 2005년에 출판).

Maxwell, M. (2010). 맥스웰 몰츠 성공의 법칙. [*The New Psycho-Cybernetics.*] (공병호 역). 서울: 비즈니스 북스. (원전은 2002년에 출판).

Rothschild, B. (2011). 트라우마 탈출 8가지 열쇠. [*8 Keys to Safe Trauma Recovery.*] (노경선 역). 서울: NUN. (원전은 2010년에 출판).

Seligman, M. E. P. (2012). 마틴 셀리그만의 낙관성 학습. [*Learned Optimism: How to*

Change Your Mind and Your Life.] (우문식, 최호영 역). (경기: 물푸레). (원전은 2006년에 출판).

Yoder, C. (2014). 트라우마의 이해와 치유. [*The Little Book of trauma healing.*] (김복기 역). (춘천: KAP). (원전은 2005년 출판).

저자 소개

이주현(Lee Juhyun)

한림대학교 의과 대학 및 동 대학원 졸업
정신건강의학과 전문의
소아청소년정신과 전문의
아산시 정신보건센터장, 알코올 상담센터장 역임
서울대학교 소아정신과 임상강사 역임
현) 아이나래 정신건강의학과 의원 원장
　　　멘토 소아청소년 연구소 원장
　　　한국 융연구원 전문과정 상임연구원
　　　한국자폐학회 기획이사
　　　한림의대 정신건강의학과 외래 부교수

⟨역서⟩
새로운 사회성 이야기책(학지사, 2015)
별종, 괴짜 그리고 아스퍼거 증후군(학지사, 2009)
정신건강을 위한 투쟁(공역, 학지사, 2006)

서울시 송파구 방이동 40-6번지 세민빌딩 4층
Tel 02)415-4266
Fax 02)419-4265
E-mail 90mid@naver.com
Homepage http://www.inarae.co.kr

삽화가 소개

배재현

중앙대학교 사학과 학사
Academy of Art University Traditional Illustration 학사
서울시민작가(2012-2013)
⟨Underatanding Samantha—동생의 시선으로 본 자폐⟩ 삽화(2012)
웹툰스타 ⟨강을 건네주는 거인⟩ 연재(2014)
현) 코미코 Comico ⟨Gallery. L⟩ 연재

십대를 위한 9가지
트라우마 회복스킬

멘붕 탈출법

9 Trauma Recovery Techniques for Teenager
Overcoming Mental Break

2015년 9월 30일 1판 1쇄 발행
2023년 1월 20일 1판 6쇄 발행

지은이 • 이주현
펴낸이 • 김진환
펴낸곳 • (주) 학지사
04031 서울특별시 마포구 양화로 15길 20 마인드월드빌딩
대표전화 • 02)330-5114   팩스 • 02)324-2345
등록번호 • 제313-2006-000265호

홈페이지 • http://www.hakjisa.co.kr
페이스북 • https://www.facebook.com/hakjisabook

ISBN 978-89-997-0816-9 03180

정가 14,000원

출판미디어기업 학지사

간호보건의학출판 학지사메디컬 www.hakjisamd.co.kr
심리검사연구소 인싸이트 www.inpsyt.co.kr
학술논문서비스 뉴논문 www.newnonmun.com
교육연수원 카운피아 www.counpia.com